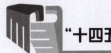

"十四五"职业教育国家规划教材

职业教育汽车类专业"互联网+"创新教材

智能网联汽车概论

（配实训工单）

主　编　孙慧芝　张潇月
副主编　赵卫健　杨效军　盛鹏程
参　编　杨洪涛　刘本超
　　　　孙春玲　刘福海
主　审　王建良

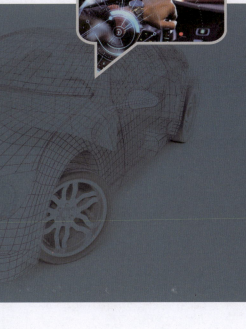

机械工业出版社

本书是职业教育汽车类专业"互联网+"创新教材、是汽车智能技术专业"校企双元合作"教材。本书采用理实一体化编写模式，包括理论知识和实训工单两部分，分别成册，两部分组成一个整体。本书紧密结合当前汽车产业的发展及需求，内容包括智能网联汽车概述、智能网联汽车产业架构及关键技术、智能网联汽车环境感知技术、智能网联汽车高精度地图与定位技术、智能网联汽车智能决策技术、智能网联汽车控制执行技术、智能网联汽车人机交互技术、智能网联汽车信息交互技术八个项目。系统地介绍了智能网联汽车的产生、发展以及产业架构，然后分别介绍雷达和视觉传感器在智能网联汽车上的应用、高精度地图与定位的基础概念及应用、智能决策技术及应用、控制执行技术及应用、人机交互技术及应用、信息交互技术及应用。

本书有配套的可撕式活页实训工单，实训工单严格按照我国2019年颁布的《智能网联汽车检测与运维职业技能等级标准》来编写。实训工单中目标明确，每个实训项目都是以接受工作任务、信息收集、制订计划、计划实施、质量检查、评价反馈、思考与练习七个环节为主线，结合理论知识进行实践操作训练，对应企业岗位能力需求，形成理实一体化的学习模式。

本书内容新颖、知识面广、重点难点突出，彩色印刷、图片清晰美观，借助"互联网+"及信息技术，在相关知识点附近设置了二维码，使教材内容呈现立体化、可视化、数字化，能够满足"人人皆学、处处能学、时时可学"的学习创新空间，为学习者提供"能学、助教、助训"的课程资源。

本书可以作为职业院校及应用型本科院校汽车智能技术专业及相关汽车类的教学用书，也可作为相关研究院所、培训机构的技术培训资料，还可作为智能网联汽车爱好者的科普读物。

为方便教学，本书配有电子课件、电子教案、实训工单答案等资源，同时还配有"示范教学包"，可在超星学习通上实现"一键建课"，方便混合式教学。凡选用本书作为授课教材的教师均可登录 www.cmpedu.com，以教师身份注册后下载，或来电咨询，咨询电话：010-88379201。

图书在版编目（CIP）数据

智能网联汽车概论：配实训工单/孙慧芝，张潇月主编．—北京：机械工业出版社，2020.6（2025.1重印）
职业教育汽车类专业"互联网+"创新教材
ISBN 978-7-111-65225-0

Ⅰ.①智… Ⅱ.①孙…②张… Ⅲ.①汽车-智能通信网-职业教育-教材
Ⅳ.①U463.67

中国版本图书馆CIP数据核字（2020）第054248号

机械工业出版社（北京市百万庄大街22号　邮政编码100037）
策划编辑：师　哲　责任编辑：师　哲
责任校对：潘　蕊　封面设计：鞠　杨
责任印制：邓　博
北京盛通印刷股份有限公司印刷
2025年1月第1版第20次印刷
184mm×260mm・12.25印张・292千字
标准书号：ISBN 978-7-111-65225-0
定价：49.90元

电话服务　　　　　　　　网络服务
客服电话：010-88361066　　机　工　官　网：www.cmpbook.com
　　　　　010-88379833　　机　工　官　博：weibo.com/cmp1952
　　　　　010-68326294　　金　书　网：www.golden-book.com
封底无防伪标均为盗版　　　机工教育服务网：www.cmpedu.com

关于"十四五"职业教育
国家规划教材的出版说明

为贯彻落实《中共中央关于认真学习宣传贯彻党的二十大精神的决定》《习近平新时代中国特色社会主义思想进课程教材指南》《职业院校教材管理办法》等文件精神，机械工业出版社与教材编写团队一道，认真执行思政内容进教材、进课堂、进头脑要求，尊重教育规律，遵循学科特点，对教材内容进行了更新，着力落实以下要求：

1. 提升教材铸魂育人功能，培育、践行社会主义核心价值观，教育引导学生树立共产主义远大理想和中国特色社会主义共同理想，坚定"四个自信"，厚植爱国主义情怀，把爱国情、强国志、报国行自觉融入建设社会主义现代化强国、实现中华民族伟大复兴的奋斗之中。同时，弘扬中华优秀传统文化，深入开展宪法法治教育。

2. 注重科学思维方法训练和科学伦理教育，培养学生探索未知、追求真理、勇攀科学高峰的责任感和使命感；强化学生工程伦理教育，培养学生精益求精的大国工匠精神，激发学生科技报国的家国情怀和使命担当。加快构建中国特色哲学社会科学学科体系、学术体系、话语体系。帮助学生了解相关专业和行业领域的国家战略、法律法规和相关政策，引导学生深入社会实践、关注现实问题，培育学生经世济民、诚信服务、德法兼修的职业素养。

3. 教育引导学生深刻理解并自觉实践各行业的职业精神、职业规范，增强职业责任感，培养遵纪守法、爱岗敬业、无私奉献、诚实守信、公道办事、开拓创新的职业品格和行为习惯。

在此基础上，及时更新教材知识内容，体现产业发展的新技术、新工艺、新规范、新标准。加强教材数字化建设，丰富配套资源，形成可听、可视、可练、可互动的融媒体教材。

教材建设需要各方的共同努力，也欢迎相关教材使用院校的师生及时反馈意见和建议，我们将认真组织力量进行研究，在后续重印及再版时吸纳改进，不断推动高质量教材出版。

机械工业出版社

前　言

在新一轮科技革命和产业变革的影响下，新一代信息技术与制造技术深度融合，智能网联产业是汽车、电子、信息、交通、定位导航、网络通信、互联网应用等行业领域深度融合的新型产业，是全球创新热点和未来发展的制高点。目前，智能网联汽车市场已经形成，面对新业态、新材料、新生态，智能网联汽车行业人才极其匮乏，因此汽车智能技术专业人才的培养任重道远。

汽车智能技术专业是职业教育的全新领域，为满足智能网联汽车市场对智能网联汽车人才的需求以及职业院校汽车智能技术专业的教学要求，突出职业教育的特点，开发了本书。本书的出版将有助于推动我国智能网联汽车产业人才培养，弥补目前智能网联汽车教学资源的不足，对职业院校汽车智能技术专业的教学开展与专业建设提供有力的支持。

本书是理实一体化教材，包括理论知识和实训工单两部分，分别成册，两部分组成一个整体。本书紧密结合当前汽车产业的发展及需求，首先系统地介绍了智能网联汽车的产生、发展以及产业架构，然后分别介绍雷达和视觉传感器在智能网联汽车上的应用、高精度地图与定位的基础概念及应用、智能决策技术及应用、控制执行技术及应用、人机交互技术及应用、信息交互技术及应用。

本书有配套的活页式实训工单，每个实训项目都是以接受工作任务、信息收集、制订计划、计划实施、质量检查、评价反馈、思考与练习七个环节为主线，结合理论知识进行实践操作训练，对应企业岗位能力需求，形成理实一体化的学习模式。

本书由山东交通职业学院孙慧芝、天津市硕恒科技发展有限公司张潇月任主编，赵卫健、杨效军、盛鹏程任副主编，其他参与编写的还有杨洪涛、刘本超、孙春玲、刘福海。孙慧芝负责全书的统稿工作，张潇月负责内容的安排，山东交通职业学院王建良主审。

本书在编写过程中得到了北京运华科技发展有限公司董事长廖明先生的大力支持与帮助，同时得到了中国汽车技术研究中心张宇飞、李乐、段佳冬、吕吉亮、马啸的帮助，在此表示衷心的感谢。

由于编者水平有限，书中难免有疏漏之处，敬请读者批评指正。

编　者

中英文对照表

序号	简称	英文全称	中文
1	ABS	Antilock Brake System	防抱死制动系统
2	ACC	Adaptive Cruise Control	自适应巡航控制
3	ADAS	Advanced Driver Assistance System	先进驾驶辅助系统
4	AE	Auto Encoder	自动编码器
5	AEB	Autonomous Emergency Braking	自动紧急制动
6	AI	Artificial Intelligence	人工智能
7	APA	Auto Parking Assist	自动泊车辅助
8	APN	Access Point Name	接入点
9	ASIC	Application Specific Integrated Circuit	专用集成电路
10	ASR	Automatic Speech Recognition	自动语音识别
11	ASV	Advanced Safety Vehicle	先进安全汽车
12	AV	Autonomous Vehicle	自主式智能汽车
13	BBW	Brake by Wire	线控制动
14	BCM	Body Control Module	车身控制模块
15	BSD	Blind Spot Detection	盲点检测
16	CA	Conditional Automation	有条件自动驾驶
17	CAN	Controller Area Network	控制器局域网
18	CAV	Connected and Automated Vehicle	智能网联汽车
19	CES	International Consumer Electronics Show	国际消费类电子产品展览会
20	CNN	Convolutional Neural Network	卷积神经网络
21	CORS	Continuously Operating Reference Station	连续运行参考站
22	CV	Connected Vehicle	网联式智能汽车

（续）

序号	简称	英文全称	中文
23	CVHS	Cooperative Vehicle-Highway System	协同式车辆道路系统
24	D3	Data-Driven Development	数据驱动研发
25	DA	Driver Assistance	辅助驾驶
26	DARPA	Defense Advanced Research Projects Agency	美国国防高级研究计划局
27	DBN	Deep Belief Network	深度置信网络
28	DDOS	Distributed Denial of Service	分布式阻断服务
29	DSP	Digital Signal Processor	数字信号处理
30	DSRC	Dedicated Short Range Communication	专用短程通信技术
31	EHB	Electronic Hydraulic Brake	液压式线控制动
32	EHPS	Electro Hydraulic Power Steering	电控液压助力转向系统
33	EMB	Electro Mechanical Brake	机械式线控制动
34	E-NCAP	Euro-New Car Assessment Program	欧洲新车安全评鉴协会
35	EPB	Electrical Parking Brake	电子驻车制动
36	EPS	Electric Power Steering	电动助力转向
37	FA	Full Automation	完全自动驾驶
38	FC	Fuzzy Control	模糊控制
39	FCW	Forward Collision Warning	前方碰撞预警
40	FCS	Fuzzy Logic Control Strategy	模糊逻辑控制策略
41	FPGA	Field Programmable Gate Array	现场可编程逻辑门阵列
42	GNSS	Global Navigation Satellite System	全球卫星导航系统
43	GPS	Global Position System	全球定位系统
44	GUI	Graphical User Interface	图形用户界面
45	HA	High Automation	高度自动驾驶
46	HMI	Human-Machine Interaction	人机交互技术
47	HPS	Hydraulic Power Steering	液压助力转向
48	HUD	Head Up Display	平视显示器
49	ICT	Information Communication Technology	信息通信技术
50	ICV	Intelligent Connected Vehicle	智能网联汽车
51	IIC	Inter-Integrated Circuit	集成电路总线
52	IMU	Inertial Measurement Unit	惯性测量单元
53	INS	Inertial Navigation System	惯性导航系统
54	IOV	Internet of Vehicle	车联网
55	IRL	Inverse Reinforcement Learning	逆强化学习

中英文对照表

（续）

序号	简称	英文全称	中文
56	ITS	Intelligent Traffic System	智能交通系统
57	LCD	Liquid Crystal Display	液晶显示器
58	LDW	Lane Departure Warning	车道偏离报警
59	LIDAR	Light Detection and Ranging	激光探测与测量
60	LKS	Lane Keeping System	车道保持系统
61	LRR	Long Range Radar	远距离雷达
62	LTE	Long Term Evolution	长期演进
63	LTE-V	Long Term Evolution-Vehicle	车间通信长期演进
64	LTE-V2X	Long Term Evolution Based Vehicle to Everything	移动通信技术演进形成的车联网
65	MAS	Multi-Agent System	多智能体系统
66	MCU	Motor Control Unit	电机控制器
67	MHC	Moving Horizon Control	滚动时域控制
68	MMW Rader	Millimeter-Wavelength Radar	毫米波雷达
69	MOCACC	Multi-Objective Coordinated Adaptive Cruise Control	多目标协调式自适应巡航控制
70	MPC	Model Predictive Control	模型预测控制
71	MRR	Mid-Range Radar	中距离雷达
72	MS	Manual Steering	机械式转向
73	NASA	National Aeronautics and Space Administration	（美国）国家航空航天局
74	NFC	Near Field Communication	近场通信
75	NHTSA	National Highway Traffic Safety Administration	（美国）高速交通安全管理局
76	NLP	Neuro-Linguistic Programming	神经语言程序学
77	PA	Partial Automation	部分自动驾驶
78	PDC	Parking Distance Control	停车距离控制
79	PID	Proportion-Integral-Derivative	比例-积分-微分控制
80	PLC	Programmable Logic Controller	可编程逻辑控制器
81	PNG	Pulse and Gliding	加速-滑行式策略
82	RBM	Restricted Boltzmann Machine	玻尔兹曼机
83	RFID	Radio Frequency Identification	射频识别技术
84	RHC	Receding Horizon Control	后退时域控制
85	RNN	Recurrent Neural Network	递归神经网络
86	ROI	Region of Interest	感兴趣区域
87	RTK	Real-time Kinematic	实时动态载波相位差分技术
88	SAE	Stacked Auto Encoder	堆叠自动编码器

（续）

序号	简称	英文全称	中文
89	SBAS	Satellite-Based Augmentation System	星基增强系统
90	SDM	System Design Method	系统设计方法
91	SIM	Subscriber Identification Module	用户身份识别卡
92	SLAM	Simultaneous Localization and Mapping	即时定位与地图构建
93	SoC	System on a Chip	片上系统
94	SRR	Short-Range Radar	近距离雷达
95	T-Box	Telematics Box	远程信息处理器
96	TCS	Traction Control System	牵引力控制系统
97	TOF	Time of Flight	飞行时间
98	TPU	Tensor Processing Unit	张量处理单元
99	TSF	Tencent Service Framework	微服务平台
100	TSP	Telematics Service Provider	汽车远程服务提供商
101	TTS	Text to Speech	语音合成
102	UPA	Ultrasonic Parking Assistance	驻车辅助传感器
103	V2I	Vehicle to Infrastructure	车与基础设施
104	V2N	Vehicle to Network	车与网
105	V2P	Vehicle to Pedestrian	车与行人
106	V2R	Vehicle to Road	车与路
107	V2V	Vehicle to Vehicle	车与车
108	V2X	Vehicle to Everything	车对外界的信息交换
109	VCU	Vehicle Control Unit	整车控制器
110	VFD	Vacuum Fluorescent Display	真空荧光显示器
111	VPDN	Virtual Private Dial-up Network	虚拟专用拨号网业务
112	VPN	Virtual Private Network	虚拟专用网络
113	VRS	Virtual Referent System	虚拟参考站技术
114	VUI	Voice User Interface	语音交互

二维码索引

二维码	名称	页码	二维码	名称	页码
	我国智能网联汽车技术发展现状	7		智能汽车的驾驶辅助 ADAS	8
	无处不在的车联网	10		智能交通系统介绍	11
	智能网联汽车的系统构成	12		车载网络	14
	奥迪车的自动驾驶	14		美国关于智能网联汽车的技术分级	14
	环境感知系统	30		智能汽车的"眼睛"	34
	激光雷达简介	35		激光雷达测距原理	36

(续)

二维码	名称	页码	二维码	名称	页码
	毫米波雷达简介	39		毫米波雷达工作原理	40
	超声波雷达简介	42		超声波雷达工作原理	44
	车载视觉传感器的作用与分类	45		单目摄像头简介	46
	高精度地图	51		智能汽车的知识源泉	58
	差分全球导航定位系统介绍	59		车载导航定位系统组成	62
	GPS系统的组成	62		IMU传感器简介	62
	智能决策技术演示	64		环境预测	64
	动作规划	65		导航中的路径规划技术介绍	65
	自动驾驶仿真平台介绍	69		车路协同辅助智能决策	70

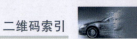

(续)

二维码	名称	页码	二维码	名称	页码
	NVIDIA 芯片介绍	73		汽车智能座舱介绍	87
	人机交互技术	105		苹果 CarPlay	106
	阿里云 OS	107		智能网联汽车网络架构	109
	V2X	113		移动通信技术介绍	115

目 录

前言
中英文对照表
二维码索引

项目一　智能网联汽车概述 ·· 1
　　任务一　智能网联汽车的产生 ··· 1
　　任务二　智能网联汽车的发展及现状 ··· 4
　　项目小结 ·· 15

项目二　智能网联汽车产业架构及关键技术 ··· 16
　　任务一　智能网联汽车的产业架构 ··· 16
　　任务二　智能网联汽车的关键技术 ··· 22
　　项目小结 ·· 29

项目三　智能网联汽车环境感知技术 ··· 30
　　任务一　智能网联汽车环境感知技术的认知 ··· 30
　　任务二　智能网联汽车雷达的应用 ··· 34
　　任务三　智能网联汽车视觉传感器的应用 ··· 45
　　项目小结 ·· 50

项目四　智能网联汽车高精度地图与定位技术 ··· 51
　　任务一　智能网联汽车的高精度地图及应用 ··· 51
　　任务二　智能网联汽车的高精度定位及应用 ··· 57
　　项目小结 ·· 62

项目五　智能网联汽车智能决策技术 ··· 63
　　任务一　智能网联汽车智能决策技术的认知 ··· 63

任务二 智能网联汽车计算平台的应用 …………………………………………… 71
  项目小结 …………………………………………………………………………………… 75

项目六 智能网联汽车控制执行技术 …………………………………………… 76

  任务一 智能网联汽车控制执行技术的认知 …………………………………… 76
  任务二 智能网联汽车的控制执行技术及应用 ………………………………… 83
  项目小结 …………………………………………………………………………………… 94

项目七 智能网联汽车人机交互技术 …………………………………………… 95

  任务一 人机交互技术发展的现状及未来 ……………………………………… 95
  任务二 人机交互技术在智能网联汽车上的应用 ……………………………… 101
  项目小结 …………………………………………………………………………………… 108

项目八 智能网联汽车信息交互技术 …………………………………………… 109

  任务一 智能网联汽车信息交互技术的认知 …………………………………… 109
  任务二 V2X 技术在智能网联汽车上的应用 …………………………………… 112
  任务三 数据云平台在智能网联汽车上的应用 …………………………………… 116
  任务四 智能网联汽车的信息安全 ………………………………………………… 118
  项目小结 …………………………………………………………………………………… 122

参考文献 …………………………………………………………………………………… 123

智能网联汽车概论实训工单

项目一
智能网联汽车概述

任务一　智能网联汽车的产生

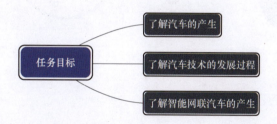

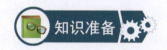

一、汽车的诞生

总体来看，汽车的诞生大致可以分为蒸汽汽车、内燃机汽车两个阶段。

1. 蒸汽汽车

1705 年，纽科门首次发明了不依靠人和动物来做功而是靠机械来做功的实用化蒸汽机。1769 年，法国炮兵大尉尼古拉斯·古诺奉命研制大炮的牵引车，研制出第一辆蒸汽三轮汽车，速度 4km/h 左右。该车前面支撑着一个梨形大锅炉，后边有两个气缸，锅炉产生的蒸汽送进气缸，推动气缸里面的活塞上下运动，再通过曲柄把动力传给前轮驱动车辆前进，成为世界上第一辆机动车，如图 1-1 所示。随后，其他人也在速度和乘车人数上做了相关的改进，制造了蒸汽公共汽车，但是由于蒸汽汽车本身起动困难、转向不灵敏、笨重且惯性较大、热效率低等原因，人们一直在不断地探索新的方式，这也为内燃机的发展奠定了基础。

2. 内燃机汽车

艾提力·雷诺在 1800 年制造了一种与燃料在外部燃烧的蒸汽机（即外燃机）不同的发

动机，让燃料在发动机内部燃烧，人们后来称这类发动机为内燃机。

1879 年，德国工程师卡尔·本茨首次试验成功一台二冲程试验性发动机，并于 1885 年制成了第一辆本茨专利机动车。该车为三轮汽车，采用一台二冲程单缸 0.66kW 的汽油机，此车具备了现代汽车的一些基本特点，如火花点火、水冷循环、钢管车架、钢板弹簧悬架、后轮驱动、前轮转向和制动手把等，如图 1-2 所示。与此同时，德国人戴姆勒在迈巴赫的协助下，于 1886 年在巴特坎施塔特制成了世界上第一辆"无马之车"。由此，本茨和戴姆勒成为人们公认的以内燃机为动力的现代汽车的发明者，被尊称为"汽车之父"，1886 年被称为汽车元年。汽车的诞生，逐渐形成以汽车为主要交通工具的公路交通系统，是近代和现代史上的重要事件之一。

图 1-1 蒸汽汽车

图 1-2 卡尔·本茨研制的世界上第一辆马车式三轮汽车

二、汽车技术的发展过程

伴随着第三次工业革命和信息革命，汽车技术逐渐从机械化向电子化、电控化方向转变。近年来，随着电子技术、计算机技术和信息技术的应用，汽车电子技术、电子控制技术得到了迅猛的发展，大致经历了四个阶段：初级阶段、迅速发展阶段、电子技术逐渐向智能化发展阶段和电子技术向智能化、网联化、自动化发展阶段。

1. 汽车电子技术发展的初级阶段

20 世纪五六十年代是汽车电子技术发展的初级阶段，该阶段主要是一些汽车厂家开始研发单一的电子零部件，用于改善汽车某些机械部件的性能。此外，采用一些简单的电子设备取代以前的机械部件。这一阶段具有代表性的汽车电子器件主要有电子式间歇刮水控制器、电压调节器、晶体管无触点点火装置、电子闪光器等。

2. 汽车电子技术迅速发展阶段

20 世纪七十年代初到八十年代中期是汽车电子技术迅速发展阶段，该阶段主要是开发汽车各系统专用的独立控制部分，将电子装置应用于某些机械装置无法解决的复杂控制功能方面，如发动机控制系统、防抱死制动（ABS）系统等。对于电动汽车，电子控制技术还有整车控制、电机控制和电池管理等主要满足用户对能源利用率和汽车性能的需求。

3. 电子技术逐渐向智能化发展阶段

20 世纪八十年代中期到九十年代中期是微型计算机在汽车上应用日趋成熟并向智能化

发展阶段。该阶段主要是开发可完成各种功能的综合系统及各种汽车整体系统的微机控制，如集发动机控制与自动变速器控制为一体的动力传动系统控制，防滑转控制系统等。

4. 电子技术向智能化、网联化、自动化发展阶段

20世纪九十年代中期至今是汽车电子技术向智能化、网联化、自动化发展的阶段。该阶段微机运算速度和存取位数大大提高，网络和通信技术迅速发展，车辆的智能控制和网络控制技术应运而生。这一阶段具有代表性的系统主要有通信与导航协调系统、安全驾驶检测与警告系统、自动防追尾碰撞系统、自动驾驶系统和电子地图等。

三、汽车技术发展的趋势

当前，以万物互联、大数据、云计算和人工智能等为代表技术的新一轮科技变革方兴未艾，正在引领全球制造业的全面转型升级，并引发产业格局和生态的重构。面对这变局，世界各工业强国都制定了相应的应对策略，加大科技创新力度，推动前沿技术发展，欲抢先建立智能制造体系，占得制造业未来发展的战略先机。其中，具有代表性的包括德国的"工业4.0"、美国的"工业互联网"和日本的"机器人革命"等。在这些发展战略中，汽车产业和技术都占据了至关重要的位置，各国纷纷选择汽车产业作为制造业整体升级的突破口，依托汽车产业的基础性、关联性和带动性，加快推进制造业转型。这一战略指向带动全球汽车技术进入了加速进步和融合发展的新时期，并呈现出电动化、智能化、网联化、共享化四大发展趋势。

1. 汽车技术发展趋于"四化"

（1）电动化　电动化代表着汽车产业不断降低能源消耗和污染物排放的技术趋势，日新月异的电池技术，越发严格的排放法规即将颠覆汽车行业，电动汽车将成为未来的主流。各国电动化紧跟政策导向，市场取得飞跃式增长。

（2）智能化　智能化代表着车载传感器、控制器、执行器等装置为基础，实现车辆对复杂环境感知、智能决策、协同控制等功能的技术趋势。各级别的自动驾驶技术、人工智能在汽车上的应用都是这一趋势的表征技术。

（3）网联化　网联化代表着以网络、通信及电子技术为基础，信息技术不断在汽车产品上得到更多应用的技术趋势，这一趋势实际上涵盖了信息技术在汽车产品和汽车产业链整体两方面的应用，包括车联网，基于网联的设计/制造/服务一体化等技术。

（4）共享化　共享化代表着汽车整个生产链条都要贯穿始终，从研发到制造，从销售到服务、到使用，各个环节都应实现共享。汽车共享化的背后，带来的是出行服务的巨大变革。

2. 四大趋势间的关系

汽车技术电动化、智能化、网联化、共享化的发展趋势是密切相关的，如图1-3所示。其中，网联化技术与智能化技术相互关联，相互影响，网联化是智能化的基础，没有充分的网联化作为支撑，智能化就不可能达到较高的水平。反之，智能化技术的应用又对网联化起到了促进作用，使网联化技术可以得到更好的效果。网联化和智能化两者共同指向高度网联化和高度智能化技术在汽车产业和产品的有效集成，基于充分网联的智能工厂和智能汽车是其最终的核心目标。与此同时，网联化和智能化又对电动化具有极强的推进作用，高度网联智能的汽车产品将实现更大程度的节能减排，从而使汽车低碳化技

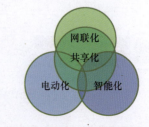

图1-3　汽车四化的相互关系

术发挥更大的效用。

汽车的"四化"中，电动化是基础，智能化是关键，网联化是条件，共享化是趋势。智能化主要体现在软件，万物互联的一个结点，汽车的终端全部在互联网上，共享化是未来的生态，将出现汽车产业的重新"洗牌"。

四、智能网联汽车应运而生

新一代智能汽车的发展方向出现了新的趋势，就是自主式的自动驾驶和网联汽车两者的结合，所形成的 ICV 或 CAV 的新形式，**我们称之为智能网联汽车**。这是一种新产品，研发模式、开发模式一定会发生改变，随之而来的应用场景，包括一些增值服务等也会改变，对所有企业都是机遇和挑战并存。

智能网联汽车已经在全球进入快速发展期，未来汽车智能化方向是不是百分之百的自动驾驶、是不是高度自动驾驶不重要，但是在现有汽车上，通过新一代移动互联技术，让它很好的具有基于连接方式的自动化，一定是一个发展趋势，在国际上仍然方兴未艾。当然，研究主体可能不仅仅是传统汽车企业，也不仅仅是互联网企业、ICT 企业，可能两类企业融合的企业生态是很好的发展模式。

从汽车企业的角度看，辅助驾驶已经取得突破，正在聚焦有条件自动驾驶。但是真正意义上在各种工况、各种条件下的高度自动驾驶还有很长的路要走。高度自动驾驶特定的场景，比如代客泊车，在特定的区域、特定的场景，仍然是汽车量产化的竞争点。

智能网联汽车是一种新的产品形式、新的商业模式、新的生态，跟传统汽车发展模式不一样。可能会从出行服务的角度推进发展，国际上一系列企业，不管是传统汽车企业还是 ICT 企业，都在做这方面的探索。新一轮基于新一代移动互联技术，包括大数据、云计算、AI 等技术已经进入这个领域，对产品发展和开发模式产生了很大的影响。需要再次强调的是，汽车产品的安全问题，包括各种功能安全问题、信息安全问题，也是发展的聚焦点。

任务二　智能网联汽车的发展及现状

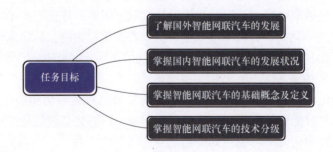

一、国外智能网联汽车的发展

国外在智能网联汽车方面的研究相对较早，比如美国、日本、德国等国家，它们对智能

项目一 智能网联汽车概述

网联汽车的研究依托于智能交通系统的整体发展。总体来看,美国、日本、一些欧洲国家智能网联汽车的发展受到各国政府的高度重视,相继出台了以车辆智能化、网联化为核心的发展战略。

1. 美国

美国自 1991 年开始着手建设 ITS,此后便开启了美国 ITS 的大规模研究,主要事件主要有以下几个,见表 1-1。美国交通运输部于 2011 年 10 月开始主持研究、测试"网联汽车技术",经过几个月的研究和实践,肯定了网联汽车技术具有安全性的潜力优势。至此,美国正式拉开了网联汽车研究与应用部署的序幕。

表 1-1 美国智能网联汽车的发展历程

时间	事件
1991 年	美国交通部制定《陆上综合运输效率化法案》
1992 年	美国交通部发布《ITS 战略计划》
1995 年	美国交通部发布《美国国家 ITS 项目规划》
1998 年	美国交通部制定《面向 21 世纪的运输平衡法案》
1999 年	美国国会批准《国家 ITS 五年项目计划》
2002 年	美国交通部提出 2002-2011《国家 ITS 项目计划 10 年计划》
2005 年	美国交通部继 TEA-21 法案后,通过了 SAFETEA-LU 法案
2010 年	美国交通部发布《美国 ITS 战略计划 2010-2014》
2011 年	主持研究和测试网联汽车技术
2012 年	美国首张自动驾驶车辆测试许可证颁发
2017 年	美国众议院出台《自动驾驶法案》
2018 年	美国交通部发布《准备迎接未来交通:自动驾驶汽车 3.0》

2013 年,NHTSA 发布了《关于自动驾驶车辆政策的初步声明》,这是第一个关于自动驾驶汽车的政策,该政策明确了 NHTSA 在自动驾驶领域支持的研究方向,主要包含人为因素的研究、系统性能需求开发、电控系统安全性三个方面。

2014 年,美国交通运输部与 IIS 联合项目办公室共同提出《ITS 战略计划 2015~2019》,提出了美国 ITS 未来五年的发展目标和方向。这是《ITS 战略计划 2010~2014》的升级版,美国 ITS 战略从单纯的汽车网联化升级为汽车网联化与智能化(自动化)的双重发展战略。2018 年 10 月 4 日,美国交通部正式发布《准备迎接未来交通:自动驾驶汽车 3.0》,这是第一份涵盖地面交通系统多种运输模式自动化技术的综合性指导文件,基于(而非替代) 2017 版《自动驾驶系统 2.0:安全愿景》。

美国 ITS 联合项目办公室当前正在推进的项目中,大多与网联化技术相关,主要有网联汽车的安全性应用研究、移动性应用研究、政策研究、网联汽车技术研究、网联汽车示范应用工程等多个维度。

2. 德国

欧盟于 2012 年颁布法规,要求所有商用车在 2013 年 11 月前安装 AEB(紧急自动制动系统)。自 2014 年起,在欧盟市场销售的所有新车都必须配备 AEB,没有该系统的车辆将很难获得 E-NCAP 五星级安全认证。沃尔沃的城市安全系统、本田的 CMBS 和梅赛德斯—奔驰的 Pre-Safe 都属于这类系统。梅赛德斯—奔驰 S 系列汽车、配备激光雷达的奥迪 A8 可以实现在遇到交通堵塞时自动跟踪前方汽车，提供交通拥堵辅助的功能。

数据显示，从 2010 年 1 月到 2017 年 7 月，全世界共有 5839 项与自动驾驶汽车相关的技术专利。在专利数量最多的十大公司中，六家是德国公司，三家是美国公司。德国的博世拥有 958 项专利，远远高于排名第二的奥迪。

自德国加入的《维也纳道路交通公约》要求驾驶人始终控制车辆以来，德国的自驾汽车道路试验已在海外开展。截至 2016 年 3 月，联合国修订并签署了《维也纳道路交通公约》，补充了第 8 条，允许"自动驾驶系统根据需要控制车辆，驾驶人可以随时接管"。在德国，只有德国汽车公司才能具备自动驾驶本土化测试条件。2017 年 5 月，德国通过联邦参议院决议，对《德国交通法案》进行修订，首次将自动驾驶汽车测试的相关法律纳入其中，这是德国首部关于自动驾驶的法律。2018 年，德国政府推出了关于自动驾驶技术的首套道德伦理标准，该准则将会让自动驾驶车辆针对事故场景做出优先级的判断，并加入到系统的自我学习中，例如人类的安全始终优先于动物以及其他财产等。德国成为世界上首个实施此类措施的国家。

3. 荷兰

2016 年 1 月，全球首辆自动驾驶摆渡车在荷兰上路，使其成为第一个自动驾驶巴士上路的国家。同年 7 月份荷兰政府认可了其安全性，允许其作为辅助驾驶系统的使用。

4. 瑞典

2016 年 3 月，瑞典有关自动驾驶公共道路测试规范初稿已经完成，进入政府审议和议会审议过程。2017 年 5 月 1 号生效，完稿适用于各个自动驾驶水平的车辆，包括半自动驾驶、高度自动驾驶以及完全自动驾驶车辆。

5. 日本

日本的交通设施基础较好，拥有比较领先的 ITS，智能网联汽车技术水平稳步推进，日本在汽车智能化和网联化领域都做了研究。在智能化方面，日本从 1991 年开始支持 ASV 项目，五年为一期，至今已经开展了五期。2010～2015 年为 ASV 项目的第五期，主要的研究方向包括安全驾驶和驾驶人监控技术、基于 V2X 协同通信的车辆驾驶辅助系统应用、先进安全技术的商业化应用与提高用户可接受程度、先进安全汽车与国际相关技术标准的协调与兼容性；在网联化方面，日本于 2005 年启动了"CVHS"的车载信息系统和路侧系统的集成开发和试验。

日本警察厅于 2016 年 5 月颁布《自动驾驶汽车道路测试指南》，允许自动驾驶汽车上道路测试试验。日本的东京海上日动火灾保险已经明确，从 2017 年 4 月起，把自动驾驶期间的交通事故列入汽车保险的赔付对象，据悉这是日本国内首例以自动驾驶为对象的保险。

6. 韩国

2016 年 11 月，韩国相关道路交通法规的修订已经正式开始实施，修订后的新法规允许自动驾驶汽车在韩国范围内的公路上进行路试，目前已经有 8 辆自动驾驶汽车通过韩国交通部登记，获准在特定条件下上路测试。

7. 新加坡

新加坡于 2014 年就发布了《新加坡自动驾驶车辆对策》，2017 年修订了《道路交通法》，允许在公共道路上测试自动驾驶汽车，并单独建立一个部门专门协调自动驾驶车辆相关工作。

项目一　智能网联汽车概述

二、我国智能网联汽车的发展

相较于国外，我国在智能网联汽车领域的研究起步较晚，但是国家一直非常重视智能网联汽车的发展，并逐渐上升到国家的战略层面。2015 年发布的《中国制造 2025》，提出了汽车低碳化、信息化、智能化的发展方向。我国智能网联汽车的发展历程见表 1-2。

我国智能网联汽车技术发展现状

2018 年 1 月，国家发改委发布了《智能汽车创新发展战略》计划。根据该计划，到 2020 年，中国汽车市场新型智能汽车比例将达到 50%，中高端智能汽车将以市场为导向；智能道路交通系统建设取得了积极进展，大城市和公路 LTE-V2X 无线通信网络覆盖率约为 90%。2018 年 2 月 2 日，北京市三部委再次联合印发《北京市自动驾驶车辆道路测试能力评估内容与方法（试行）》。将自动驾驶车辆能力评估内容分成 T1～T5 级，其中，T2 包含 T1 的评估内容，T3 包含 T2 的评估内容……，以此类推，T5 为最高一级。等级越高，也就代表测试车辆的自动驾驶能力越强。北京智能车联产业创新中心有限公司作为第三方服务机构拥有海淀基地、亦庄基地两个封闭试验场，可模拟京津冀地区城市 85% 场景、高速公路 90% 场景。2018 年 3 月，该公司中标北京市自动驾驶道路测试第三方服务机构。

2018 年 5 月，工信部、公安部、交通部联合发布了《智能网联汽车管理规范（试行）》，批准了全国 20 个智能网联汽车测试示范区。《智能网联汽车管理规范（试行）》是指导智能网联汽车测试的指导性文件，到目前为止，在北京、上海、重庆、无锡等地已经建立了 16 个自动驾驶汽车试验场地。

表 1-2　我国智能网联汽车的发展历程

时间	发展阶段	主要事件
1989～1999 年	小范围研发阶段	1. 自动驾驶研发主要集中在少数高校 2. 一些整车企业开始与高校联合开展自动驾驶的研发工作
2000～2009 年	国家层面支持研发阶段	1. 国家开始设立智能交通攻关立项，如推进 "863 计划" 设立 "智能交通系统关键技术开发和示范工程" "现代交通技术领域" 等 2. 更多高校与企业进入自动驾驶研发，如 2003 年国防科技大学与一汽集团完成红旗 CA7460 无人驾驶平台；2005 年上海交通大学研发城市交通的自动驾驶车辆的应用
2010～2015 年	车联网发展阶段	1. 国家推动车联网技术发展，如 "基于移动中心技术的车辆通信网络的研究" "车路协同系统设计信息交互和集成验证研究" "车联网应用技术研究" 等国家级课题 2. 国内车联网技术创新着力大范围合作，如中国汽车工程学会主导成立车联网技术创新技术联盟等
2015 年以后	智能网联概念发展阶段	国家出台智能网联汽车的一系列宏观政策，着力发展智能网联汽车，明确智能网联汽车将成为智能交通系统的重要组成部分

智能网联汽车大致有四个发展阶段：ADAS、网联式驾驶辅助、人机共驾、高度自动/无人驾驶。目前，先进驾驶辅助系统已经开始大规模产业化，网联化技术的应用已经进入大规模测试和产业化前期准备阶段，人机共驾技术和高度自动/无人驾驶技术还处于研发和小规模测试阶段。

1. 先进驾驶辅助系统

先进驾驶辅助系统（ADAS）是指依靠车载传感系统进行环境感知并对驾驶人进行驾驶操作辅助的系统（广义上也包括网联式驾驶辅助系统），如图1-4所示，目前已经得到大规模产业化发展，主要可分为预警系统与控制系统两类。

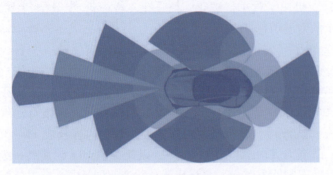

智能汽车的
驾驶辅助 ADAS

图1-4 ADAS环境感知区域示意图

2. 网联式驾驶辅助系统

网联式驾驶辅助系统是指依靠ICT对车辆周边环境进行感知，并可对周围车辆未来运动进行预测，进而对驾驶人进行驾驶操作辅助的系统，如图1-5所示。通过现代通信与网络技术，汽车、道路、行人等交通参与者都已经不再是孤岛，而是成了智能交通系统中的信息节点。

图1-5 网联式驾驶辅助系统示例

3. 人机共驾阶段

人机共驾是指驾驶人和智能系统分享车辆控制权，人机一体化协同完成驾驶任务，如图1-6所示。与一般的驾驶辅助系统相比，共驾型智能汽车由于人机同为控制实体，双方受控对象交联耦合，状态转移相互制约，具有双环并行的控制结构，因此要求系统具备更高的智能化水平。系统不仅可以识别驾驶人的意图，实现行车决策的步调一致，而且能够增强驾驶人的操纵能力，减轻其操作负荷。

图1-6 人机共驾模式

4. 高度自动/无人驾驶阶段

处于高度自动/无人驾驶阶段的智能汽车如图 1-7 所示,驾驶人不需要介入车辆操作,车辆将会自动完成所有工况下的自动驾驶。其中高度自动驾驶阶段,车辆在遇到无法处理的驾驶工况时,会提示驾驶人是否接管,如驾驶人不接管,车辆会采取如靠边停车等保守处理模式,保证安全。在无人驾驶阶段,车辆中可能已没有驾驶人,无人驾驶系统需要处理所有驾驶工况,并保证安全。目前以谷歌为代表的互联网技术公司,其发展思路是跨越人机共驾阶段,直接推广高度自动/无人驾驶系统,而传统汽车企业大多数还是按照渐进式发展路线逐级发展。

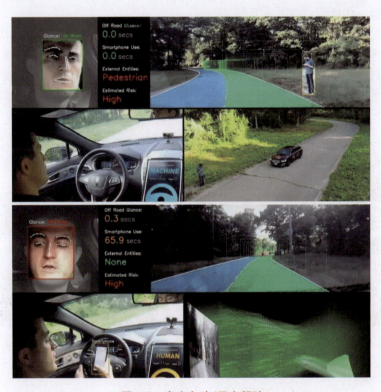

图 1-7 高度自动/无人驾驶

三、智能网联汽车的基础概念

2017 年 12 月 29 日,工信部网站发布了由工信部、国家标准委员会共同制定的《国家车联网产业标准体系建设指南》系列文件中对智能网联汽车标准体系框架做出了规定,其中基础类标准主要包括智能网联汽车术语和定义、分类和编码、标识和符号等三类。

(1)术语和定义标准 用于统一智能网联汽车相关的基本概念,为各相关行业协调兼容奠定基础,同时为其他各部分标准的制定提供支撑。

(2)分类和编码标准 用于帮助各方统一认识和理解智能网联标准化的对象、边界以及各部分的层级关系和内在联系。

(3)标识和符号标准 用于对智能网联汽车中各类产品、技术和功能对象进行标识与解析,为人机界面的统一和简化奠定基础。

四、智能网联汽车的定义及相关术语

1. 智能网联汽车的定义

2017年12月由工信部、国家标准委员会共同制定的《国家车联网产业标准体系建设指南》明确了智能网联汽车的定义。

智能网联汽车是指搭载先进的车载传感器、控制器、执行器等装置,并融合现代通信与网络技术,实现车与X(车、路、人、云等)智能信息交换、共享,具备复杂环境感知、智能决策、协同控制等功能,可实现"安全、高效、舒适、节能"行驶,并最终可实现替代人来操作的新一代汽车,如图1-8所示。

智能汽车是在一般的汽车上增加雷达、摄像头等先进传感器、控制器、执行器等装置,通过车载环境感知系统和信息终端实现与车、路、人等的信息交换,使车辆具备智能环境感知能力,能够自动分析车辆行驶的安全及危险状态,并使车辆按照人的意愿到达目的地,最终实现替代人来操作的目的。智能汽车是智能交通的重要组成部分,智能汽车的初级阶段是具有ADAS的汽车,终极目标是无人驾驶汽车。

图1-8 智能网联汽车

图1-9 无人驾驶汽车

2. 无人驾驶汽车

如图1-9所示,无人驾驶汽车是通过车载环境感知系统、感知道路环境、自动规划和识别行车路线并控制车辆到达预定目标的智能汽车。它是利用环境感知系统来感知车辆周围环境,并根据感知所获得的道路状况、车辆位置和障碍物信息等,控制车辆的行驶方向和速度,从而使车辆能够安全、可靠地行驶。无人驾驶汽车是传感器、计算机、人工智能、无线通信、导航定位、模式识别、机器视觉、智能控制等多种先进技术融合的综合体。无人驾驶汽车是汽车智能化、网联化的终极发展目标。

3. IOV

IOV是以车内网、车际网和车载移动互联网为基础,按照约定的体系架构及其通信协议和数据交互标准,实现V2X(V代汽车,X代表车、路、行人及应用平台等)无线通信和信息交换,以实现智能化交通管理、智能动态信息服务和车辆智能化控制的一体化网络,是物联网技术在智能交通系统领域的延伸,如图1-10所示。

无处不在的车联网

项目一 智能网联汽车概述

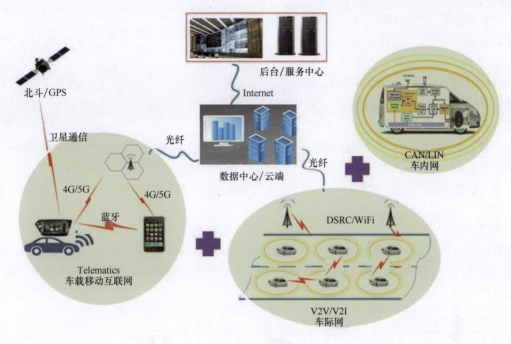

图 1-10 IOV

> ● 小知识
>
> 车内网是指通过应用成熟的总线技术建立一个标准化的整车网络；车际网是指基于特定无线局域网络的动态网络；车载移动互联网是指车载单元通过 4G/5G 等通信技术与互联网进行无线连接，三网融合是车联网的发展趋势。

IOV 是智能交通系统与互联网技术发展的融合产物，是智能交通系统的重要组成部分，目前主要停留在导航系统、电话系统、娱乐系统、自检测系统等基础阶段，在信息安全和节能减排等方面还有待开发。

4. ITS

ITS 是未来交通系统的发展方向，它是将先进的信息技术、计算机处理技术、数据通信技术、传感器技术、电子控制技术、运筹学、人工智能等有效地集成运用于整个地面交通管理系统而建立的一种在大范围内、全方位发挥作用的，实时、准确、高效的综合交通运输管理系统。ITS 是随着车联网技术的发展而不断发展的，车联网的终极目标是智能交通。

智能交通系统介绍

5. 智能网联汽车相关术语的关系

从上文中可以发现智能网联汽车、智能汽车、IOV、ITS 有着密切相关性，它们之间的关系如图 1-11 所示。

智能网联汽车是 ITS 中的智能汽车与 IOV 交集的产品。智能网联汽车是 IOV 的重要组成部分，也是 ITS 的核心组成部分。智能网联汽车是 IOV 体系的一个结点，通过车载信息终端实现与车、路、行人、业务平台等之间的无线通信和信息交换。智能网联汽车的聚焦点是在车上，发展重点是提高汽车安全性，其终极目标是无人驾驶汽车。

11

IOV 系统是智能网联汽车、智能汽车最重要的载体，只有充分利用互联技术才能保障智能网联汽车真正拥有充分的智能和互联。车联网的聚焦点是建立一个比较大的交通体系，发展重点是给汽车提供信息服务。由此可见，智能网联汽车与车联网应该并行推进，协同发展，最终相互结合形成无人驾驶汽车。

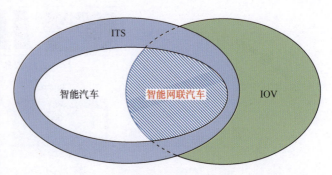

图 1-11　智能网联汽车相关术语间的关系

五、智能网联汽车的系统构成

智能网联汽车是以汽车为主体，利用环境感知技术实现车辆有序安全行驶，通过无线通信网络等手段为用户提供多样化信息服务。智能网联汽车由环境感知层、智能决策层以及控制执行层组成，如图 1-12 所示。

图 1-12　智能网联汽车的构成

1. 环境感知层

环境感知层的主要功能是通过车载环境感知技术（如视觉传感器、雷达、高精度定位与导航等）、车内网技术、4G/5G 及 V2X 无线通信技术等，实现对车内与车外（如道路、车辆和行人等）静、动态信息的提取和收集，并向智能决策层输送信息，作为智能网联汽车各类功能实现的前提。

2. 智能决策层

智能决策层的主要功能是接收环境感知层的信息并进行分析、处理，决策自动驾驶行为。智能决策层可以根据识别到的道路、车辆、行人、交通标志和交通信号等，理解驾驶环境，决策分析和判断车辆需要采取的驾驶模式和将要执行的操作，并向车辆控制和执行层输送指令。智能决策层是智能网联汽车各项功能得以实现的核心。

3. 控制执行层

控制执行层的主要功能是根据智能决策层的指令操作和控制车辆，并通过交互系统向驾乘人员提供道路交通信息、安全信息、娱乐信息、救援信息、商务办公、在线消费等信息与服务，提供安全驾驶、舒适驾乘和智能交互等功能。

控制执行层主要依赖于车辆底盘（转向、制动、驱动等）线控和车身电子电器（车门、车灯、仪表等），用于实现车辆的自动控制以及智能网联系统与车内驾乘人员的交互。

智能化和网联化是未来汽车工业的发展趋势。目前，智能网联汽车的发展还处于初级阶段，辅助驾驶、半自动驾驶和全自动驾驶智能网联汽车逐渐成熟并得到广泛应用所必经的阶段。通过智能化和网联化的发展提高汽车的安全性，可以通过及时预警、合理的路径规划、主动控制来避免交通事故、降低能源消耗、减轻交通拥堵压力，满足消费者更多的安全、节能、舒适等功能需求，随着各项技术的进步、发展成熟以及消费者日益提升的需求，汽车的智能化和网联化势在必行。

智能网联汽车未来的发展趋势，从宏观角度看，是一个非常重要的移动终端，既满足出行需求又提供了各类可能的交互场景；从微观角度看，是一个具备高度集成化的智能移动空间。

六、智能网联汽车的功能

从功能角度上讲，智能网联汽车与一般汽车相比，主要增加了环境感知与定位系统、无线通信系统、车载网络系统和先进驾驶辅助系统等。

1. 环境感知与定位系统

如图 1-13 所示，环境感知与定位系统主要功能是通过各种传感技术和定位技术感知车辆本身状况和车辆周围状况。传感器主要包括车轮转速传感器、加速度传感器、微机械陀螺仪、转向盘转角传感器、超声波雷达、激光雷达、毫米波雷达、视觉传感器等，通过这些传感器，感知车辆行驶速度、行驶方向、运动姿态、道路交通情况等。定位

图 1-13 环境感知与定位系统

技术主要使用 GPS，中国北斗卫星导航系统发展也很快，是中国大力推广的位置定位系统。

2. 无线通信系统

无线通信系统主要功能是各种数据和信息的传输，分为短距离无线通信技术和远距离无线通信技术，无线通信系统示例如图 1-14 所示。

1）短距离无线通信技术是为车辆安全系统提供实时响应的保障，并为基于位置信息服务提供有效支持。用于智能网联汽车上的短距离无线通信技术还没有统一标准，处于起步阶段，但短距离无线通信技术在其他领域应用比较广泛，如蓝牙技术、ZigBee 技术、Wi-Fi 技术、UWB 技术、60GHz 技术、IrDA 技术、RFID 技术、NFC 技术、专用短程通信技术等。

2) 远距离无线通信技术用于提供即时的互联网接入，主要有移动通信技术、微波通信技术、卫星通信技术等，在智能网联汽车上的应用主要是 4G/5G 技术。

图 1-14 无线通信系统

图 1-15 车载网络系统

3. 车载网络系统

车载网络（图 1-15）依靠短距离无线通信技术实现 V2X 之间的通信，它是在一定通信范围内可以实现 V2V、V2I、V2P 之间相互交换各自的信息，并自动连接建立起一个移动的网络。典型应用包括车辆行驶安全预警、辅助驾驶、分布式交通信息发布以及基于通信的纵向车辆行驶控制等。

车载网络

4. ADAS

ADAS（图 1-16）主要功能是提前感知车辆及其周围情况，发现危险及时预警，保障车辆安全行驶，是防止交通事故的新一代前沿技术。ADAS 是智能网联汽车的重要组成部分，是无人驾驶汽车的关键技术。

图 1-16 ADAS

奥迪车的
自动驾驶

美国关于智能
网联汽车的
技术分级

七、智能网联汽车的技术分级

1. 美国自动驾驶分级

在国际上，美国汽车工程师学会（SAE）及美国国家高速公路交通安全管理局（NHTSA）分别对自动驾驶的等级做出划分，具体见表 1-3。

项目一 智能网联汽车概述

表 1-3 SAE 及 NHTSA 的自动驾驶等级划分

分级 NHTSA	分级 SAE	名称	定义	转向和变速操作	监控驾驶环境	极端驾驶情况的应对	系统作用范围
0	L0	无自动化	人类驾驶人完成所有的驾驶操作，系统只起到警告和辅助的作用	人类驾驶人	人类驾驶人	人类驾驶人	无
1	L1	辅助驾驶	辅助系统完成转向或变速中的一项操作，其他所有驾驶操作由人类驾驶人完成	人类驾驶人或系统	人类驾驶人	人类驾驶人	部分
2	L2	部分自动化	辅助系统完成转向和变速两项操作，其他所有驾驶操作由人类驾驶人完成	系统	人类驾驶人	人类驾驶人	部分
3	L3	有条件自动化	自动驾驶系统完成所有驾驶操作，需要人类驾驶人恰当应答系统的请求	系统	系统	人类驾驶人	部分
4	L4	高度自动化	自动驾驶系统完成所有驾驶操作，不一定需要人类驾驶人恰当应答系统的请求	系统	系统	系统	部分
4	L5	完全自动化	自动驾驶系统达到人类驾驶水平，可处理任何道路和环境的驾驶情况	系统	系统	系统	全部

2. 我国自动驾驶分级

2020 年 3 月 9 日，工信部官网公示了《汽车驾驶自动化分级》推荐性国家标准报批稿，拟于 2021 年 1 月 1 日开始实施。自动驾驶汽车将以 5 个要素为主要依据，被划分为 0 级（应急辅助）、1 级（部分驾驶辅助）、2 级（组合驾驶辅助）、3 级（有条件自动驾驶）、4 级（高度自动驾驶）、5 级（完全自动驾驶）共 6 个不同的等级，见表 1-4。和 SAE 分级标准相比，两者在整体分级思路和分级划分标准上大体一致，且都把汽车的自动化程度划分为 6 种不同的等级。对每一等级自动驾驶汽车的具体界定，两种标准也大体相同，仅在某些方面存在一些区别。

表 1-4 我国自动驾驶等级划分

分级	名称	车辆横向和纵向运动控制	目标和事件探测与响应	动态驾驶任务接管	设计运行条件
0 级	应急辅助	驾驶人	驾驶人及系统	驾驶人	有限制
1 级	部分驾驶辅助	驾驶人和系统	驾驶人及系统	驾驶人	有限制
2 级	组合驾驶辅助	系统	驾驶人及系统	驾驶人	有限制
3 级	有条件自动驾驶	系统	系统	动态驾驶任务接管用户（接管后成为驾驶人）	有限制
4 级	高度自动驾驶	系统	系统	系统	有限制
5 级	完全自动驾驶	系统	系统	系统	无限制*

*排除商业和法规因素等限制

【项目小结】

本项目主要讲解智能网联汽车的产生、发展，通过学习能够掌握智能网联汽车的产生、发展历程，更好地了解智能网联汽车未来的发展趋势。

项目二
智能网联汽车产业架构及关键技术

任务一 智能网联汽车的产业架构

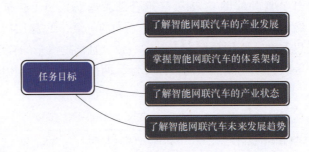

任务目标：
- 了解智能网联汽车的产业发展
- 掌握智能网联汽车的体系架构
- 了解智能网联汽车的产业状态
- 了解智能网联汽车未来发展趋势

一、智能网联汽车产业的发展历程

从国外看,智能网联汽车技术应用可以追溯到20世纪80年代。美国开始智能网联汽车技术的军事化应用,例如,美国国防部高级研究计划局大规模资助了自动驾驶陆地车辆的军事化应用研发。自2004年开始,美国国防部高级研究计划局连续举办了无人驾驶机器人挑战赛,为智能网联汽车产学研结合和产业技术合作交流开辟了空间。欧洲从20世纪80年代中期开始进行自动驾驶技术研发,初期比较强调单车自动化和智能化的研究,并呈现"产学研"相结合的特点,开发测试了不同程度的自动化、智能化车辆,如戴姆勒集团1987年在欧洲启动了普罗米修斯计划,研发无人驾驶技术,该计划持续到1995年,既定目标在奔驰S600上完成。日本的自动驾驶研究虽然起步晚,但技术应用较为领先,20世纪90年代末,已经开始领先将盲区监测、车道保持等在ADAS技术上应用到车辆上。

项目二　智能网联汽车产业架构及关键技术

2009年，美国科技巨头谷歌宣布布局自动驾驶，在全球范围内掀起了智能网联汽车产业发展热潮。随之美、日、欧将智能网联汽车创新发展上升到国家战略，从国家、行业层面协作，形成了顶层设计。2010年，美国交通运输部提出《ITS战略计划2010~2014》，提出大力发展网联技术及汽车应用，将智能网联汽车的发展上升至国家战略。2014年，美国交通运输部与ITS联合项目办公室又共同提出《ITS战略计划2015~2019》，提出了美国ITS未来5年汽车网联化与智能化的发展目标和方向。此后，美国交通运输部强势主导智能网联汽车的发展，成立了交通变革研究中心进行智能网联汽车大规模示范测试，积极推动智能网联汽车的法律法规及标准化工作。

2010~2012年，欧盟委员会先后发布"Horizon2020"战略、《一体化欧盟交通发展路线——竞争能力强、资源高效的交通系统》白皮书、《欧盟未来交通研究与创新计划》等，部署智能交通和智能汽车战略目标，推动关键技术创新应用研究。2013年，日本内阁提出《创造世界领先IT国家宣言》，并启动《国家战略性创新项目（SIP）计划》，设立了自动驾驶项目，ADAS成立了包括内阁府、警察厅、总务省、经济产业省、国土交通省在内的推进委员会推动项目的实施，提出2020年自动驾驶全球领跑并引领全球自动驾驶、车联网标准的战略目标。

从国内看，自20世纪90年代，各高校和研究机构已经陆续开展自动驾驶的研发工作，例如国防科技大学先后研制了CITAVT-Ⅰ、CITAVT-Ⅱ型无人驾驶车，并在2011年7月与一汽合作完成长沙到武汉286km的红旗HQ3车型的无人驾驶试验，实现了结构化道路环境下单车智能化的技术储备。

自2009年以来，国家自然科学基金委员会举办"中国智能车未来挑战赛"，吸引了多个高校和研究机构参与，为自动驾驶技术的交流和发展起到了良好的促进作用，同时，工信部、科技部、交通部等国家部委都以不同方式支持智能汽车的发展。从2011年开始，工信部连续多年发布物联网专项，智能网联汽车是其支持的重点领域之一，科技部在车路协同、车联网等方面已经进行了多个"863"计划的国家立项和政策支持，交通部要求"两客一危"车辆和货运车辆必须按照符合规定的车联网终端并上报数据，已经形成了全国联网的大型交通管理平台。

二、智能网联汽车的体系架构

智能网联汽车集中运用了汽车工程、人工智能、计算机、微电子、自动控制、通信与平台等技术，是一个集环境感知、规划决策、控制执行、信息交互等于一体的高新技术综合体，拥有相互依存的价值链、技术链和产业链体系。

1. 智能网联汽车的价值链

智能网联汽车在提高行车安全、减轻驾驶人负担方面具有重要作用，并有助于节能环保和提高交通效率。研究表明，在智能网联汽车的初级阶段，通过先进驾驶辅助技术有助于减少30%左右的交通事故，交通效率提升了10%，油耗与排放分别降低了5%。进入智能网联汽车的终极阶段，即完全自动驾驶阶段，甚至可以完全避免交通事故，提升交通效率30%以上，并最终把人从枯燥的驾驶任务中解放出来，这也是智能网联汽车最吸引人的价值魅力所在。

2. 智能网联汽车的技术链

从技术发展路径来说，智能汽车分为三个发展方向：网联式智能汽车（CV）、自主式智能汽车（AV），及前两者的融合，即智能网联汽车（CAV 或 ICV），如图2-1 所示。

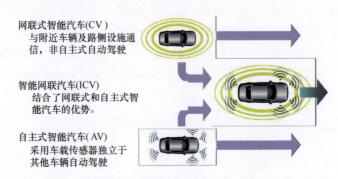

图 2-1 智能网联汽车的 3 种技术途径

智能网联汽车融合了自主式智能汽车与网联式智能汽车的技术优势，涉及汽车、信息通信、交通等诸多领域，其技术架构较为复杂，可划分为"三横两纵"式技术架构："三横"是指智能网联汽车主要涉及的车辆、信息交互与基础支撑 3 个领域技术；"两纵"是指支撑智能网联汽车发展的车载平台以及基础设施条件，如图 2-2 所示。

ICV 的"三横"架构涉及的 3 个领域的关键技术可以细分为以下 9 种：

（1）环境感知技术 包括利用机器视觉的图像识别技术，利用雷达（激光雷达、毫米波雷达、超声波雷达）的周边障碍物检测技术，多源信息融合技术，传感器冗余设计技术等。

（2）智能决策技术 包括危险事态建模技术，危险预警与控制优先级划分，群体决策和协同技术，局部轨迹规划，驾驶人多样性影响分析等。

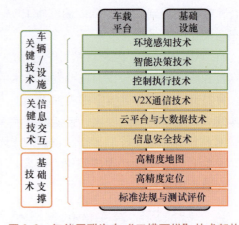

图 2-2 智能网联汽车"三横两纵"技术架构

（3）控制执行技术 包括面向驱动/制动的纵向运动控制，面向转向的横向运动控制，基于驱动、制动、转向、悬架的底盘一体化控制，融合车联网（V2X）通信及车载传感器的多车队列协同和车路协同控制等。

（4）V2X 通信技术 包括车辆专用通信系统，实现车间信息共享与协同控制的通信保障机制，移动自组织网络技术，多模式通信融合技术等。

（5）云平台与大数据技术 包括智能网联汽车云平台架构与数据交互标准，云操作系统，数据高效存储和检索技术，大数据的关联分析和深度挖掘技术等。

（6）信息安全技术 包括汽车信息安全建模技术，数据存储、传输与应用三维度安全体系，汽车信息安全测试方法，信息安全漏洞应急响应机制等。

（7）高精度地图与高精度定位技术 包括高精度地图数据模型与采集式样、交换格式和物理存储的标准化技术，基于北斗地基增强的高精度定位技术，多源辅助定位技术等。

(8) 标准法规　包括智能网联汽车整体标准体系以及涉及汽车、交通、通信等各领域的关键技术标准。

(9) 测试评价　包括智能网联汽车测试评价方法与测试环境建设。

3. 智能网联汽车的产业链

智能网联汽车的产品体系可分为传感系统、决策系统、执行系统三个层次，分别可类比人类的感知器官、大脑以及手脚，如图 2-3 所示。

图 2-3　智能网联汽车的三个产品层次

智能网联汽车的产业链涉及汽车、电子、通信、互联网、交通等多个领域，按照产业链上下游关系主要包括以下几类：

(1) 芯片厂商　开发和提供车规级芯片系统，包括环境感知系统芯片、车辆控制系统芯片、通信芯片等。

(2) 传感器厂商　开发和供应先进的传感器系统，包括机器视觉系统、雷达系统（激光雷达传感器、毫米波雷达传感器、超声波雷达传感器）等。

(3) 汽车电子/通信系统供应商　能够提供智能驾驶技术研发和集成供应的企业，如自动紧急制动、自适应巡航、V2X 通信系统、高精度定位系统等。

(4) 整车企业　提出产品需求，提供智能汽车平台，开放车辆信息接口，进行集成测试。

(5) 平台开发与运营商　开发车联网服务平台、提供平台运营与数据挖掘分析服务。

(6) 内容提供商　高精度地图、信息服务等的供应商。

三、智能网联汽车的产业状态

1. 智能网联汽车产业链形态

1) 芯片/计算平台供应商。开发和供应智能网联汽车感知、决策、控制所需的芯片和计算平台，支撑智能网联汽车语音识别、图像识别、不同等级自动驾驶等算法的硬件资源，如提供 CPU、GPU、ASIC 等。

2) 先进的传感器供应商开发和供应智能网联汽车先进的传感器，主要包括机器视觉传感器（单目摄像头、双目摄像头）、雷达（激光、毫米波、超声波）、地图与定位传感器（高精度地图、位置数据）等。

3）车载操作系统供应商管理和控制车载硬件与车载软件资源的底层程序系统，包括提供 Linux、Android、QNX、IOS 等。

4）通信设备供应商开发和供应车载移动互联设备、车载短程通信设备等，包括提供 4G/5G 通信模块、V2V 短程通信模块等。

5）信息安全方案供应商提供覆盖车联网（端—管—云）和车辆（车载终端—车载网关—车内网络—车载控制器）纵深防御的信息安全解决方案，可实现关键信息和一般信息的分域隔离。

6）系统集成供应商能够提供智能网联汽车自动驾驶技术研发和集成、车载信息系统技术研发和集成的软硬件供应企业，包括提供自动紧急制动系统、自适应巡航系统、底盘控制系统、车载信息系统等。

7）整车企业，包括传统车企和新兴车企设计智能网联汽车体系架构，确定产品需求，构建智能汽车开发平台，开放车辆信息接口，进行系统集成、匹配及测试，其中新兴车企以新能源整车开发为主。

8）车联网服务提供商主要提供通信运营服务、车载平台运营服务以及娱乐资讯服务等。

9）出行服务提供商，指出行运营商主要提供共享出行服务。

2. 智能网联汽车产业链特征

1）传统车企争先发布智能网联汽车发展规划，加快智能化、网联化转型与布局智能网联汽车相关技术的快速发展，给传统车企转型升级带来了紧迫感。宝马、丰田、沃尔沃、通用等传统车企为了维护其在传统汽车制造业产业链中的核心地位，相继发布智能网联汽车发展规划，明确 PA 级、CA 级、HA 级及以上智能化车辆的时间节点，同时设立专门研发中心加大感知、决策和控制等技术的研发资金投入，与 Tier1 供应商、互联网科技企业、初创公司、通信设备商和运营商、高校及科研机构等开展多方合作，推动智能网联汽车技术研发及产业化应用。

我国自主车企也紧随其后，例如，一汽发布"挚途"技术战略，明确了智能网联汽车发展的各阶段的目标，长安汽车也制订了智能网联汽车技术发展规划，明确搭建基于"互联网+"的设计、制造、服务一体化技术平台；节能与新能源动力总成与底盘机电一体化平台；整车和总成电子控制嵌入式软件技术平台；汽车智能移动技术平台；D-Partner+信息服务技术平台五大平台。同时包含了手机叫车、拥堵跟车、自主泊车、自主驾驶等四项智能化功能。

> ● **小知识**
>
> 国外主要整车企业普遍在 2017 年左右推出 PA 级智能化整车产品，主要具备全自动泊车、拥堵跟车、集成式自适应巡航等功能，2019 年左右推出 CA 级智能化整车产品，主要具备限定条件高速公路自动驾驶、限定条件城郊道路自动驾驶等功能。2021 年左右部署 HA/FA 级智能化整车产品，具备高速公路自动驾驶、城市道路自动驾驶、全自动驾驶功能。国内主要整车企业普遍在 2018 年左右推出 PA 级智能化产品，2020 年左右推出 CA 级智能化产品，2025 年左右部署 HA/FA 级智能化整车产品。
>
> 在网联化方面，中国各整车企业普遍在 2018 年实现车载移动 4G 网络的规划，同时，诸如红绿灯车速引导、障碍物提醒等 V2I 功能在技术上已基本实现，具体应用时间表需要结合公安、交通等部门的战略规划，尚未出台具体时间表。

2）互联网公司/初创企业利用智能算法/芯片等各自优势加快智能网联汽车的布局，成为智能网联汽车产业链重构的重要参与者。

随着物联网、云计算、大数据、移动互联网等新一代信息技术与传统汽车融合步伐的加快，互联网企业以及具有信息技术背景的初创企业开始借助智能算法、智能芯片等新技术、新模式对汽车进行颠覆性改造与革新，它们在高度智能化数据分析和决策软硬件能力方面具有较大优势，并将目光聚焦在智能网联汽车车载感知、决策关键核心技术研发及整体解决方案上，谷歌、苹果、微软等国际互联网巨头以及中国三大互联网巨头BAT已着手布局智能网联汽车传感器、计算平台、自动驾驶系统、高精度地图等核心领域，Drive.ai、OTTO、景驰科技、地平线机器人、蔚来汽车、驭势、智行者等一批国内外初创企业也积极入局，它们已成为智能网联汽车发展的重要参与者甚至推动者。

3）传统汽车零部件巨头立足自身汽车电子技术优势，不断完善智能网联汽车感知/决策/控制的战略布局。

博世、大陆、电装、德尔福等企业被称为传统零部件供应商，随着智能网联汽车技术的快速发展，它们各自在智能网联汽车自动驾驶软硬件技术解决方案领域进行雄厚的技术储备和战略布局。

> ● **小知识**
>
> 例如，美国德尔福公司2014年与卡内基梅隆大学的商业公司Ottomatika进行合作，利用Ottomatika的自动驾驶软件优势，结合德尔福的主动安全技术共同打造自动驾驶技术平台，增强自动驾驶决策能力，加入宝马-英特尔-Mobileye的自动驾驶联盟，股权投资激光雷达厂商Innoviz和Quanergy，可以看到，德尔福在感知、决策、控制等自动驾驶核心环节已形成比较完整的产业布局，为后续与整车企业之间的合作奠定基础。博世在智能网联汽车领域也深耕多年，据统计，博世目前拥有约450项专利，涉及传感器、控制、软件等领域。
>
> 从20世纪90年代起，电装就开始面向ADAS研发摄像头、毫米波雷达等。近年来，随着各家布局自动驾驶的动作越来越积极，电装也加快了布局步伐，与东芝合作开展自动驾驶系统研发，收购从事雷达研究企业富士通天股权等动作：一方面，通过投资并购的方式完善其自动驾驶技术空白；另一方面，通过与其他企业合作来研发新技术。

4）产业链跨界合作进入深度整合期，各方合纵连横、优势互补，寻求在智能网联汽车产业链上的主导地位。

智能网联汽车是一个集环境感知、规划决策、执行控制等功能于一体的综合系统，其高级形式的高度自动驾驶/无人驾驶更是人工智能的重要应用场景，产业链构成错综复杂，传统车企有强大的硬件制造能力及辅助驾驶系统应用经验，零部件供应商有强大的整车系统集成能力，出行服务商有流量和数据，互联网科技巨头在算法、芯片等方面技术领先，为了能在智能网联汽车产业链上占据主导地位，各方跨界合作动作频频，整个智能网联汽车产业链正进入深度整合期。

● 小知识

纵观智能网联汽车产业链，整车企业、零部件供应商、互联网科技企业之间正在通过深度合作、优势互补，形成新型跨界战略协作关系，而不是采用传统采购与供应关系。国外比较典型的合作是以芯片平台、运营平台为核心进行的战略结盟，开发自动驾驶汽车，例如，英特尔、宝马、Mobileye、德尔福合作开发自动驾驶技术，奥迪、奔驰就英伟达的自动驾驶平台 DRIVE PX2 达成合作，奥迪和英伟达合作打造自动驾驶汽车，2018 款奥迪 A8 上搭载的 ZFAS（中央驾驶辅助控制系统）就是两家公司合作的重要成果。国内比较典型的是互联网企业与整车企业合作开发，上汽与阿里巴巴合作量产互联网汽车荣威 RX5，百度推出"阿波罗计划"，开发一个完整、安全的软件平台，帮助汽车行业及自动驾驶领域的合作伙伴结合车辆和硬件系统，快速搭建一套完整的自动驾驶系统。首批合作伙伴包括东风汽车、一汽集团、长安汽车、福特、戴姆勒、江淮、北京汽车等 15 家整车企业。

任务二　智能网联汽车的关键技术

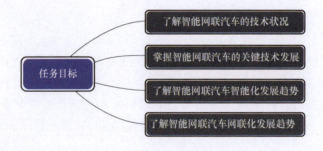

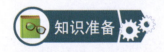

一、智能网联汽车的关键技术状况

智能网联汽车在传统汽车技术基础上融合大量信息感知、智能决策、车辆自动控制、网络通信等新技术，对相关技术发展提出了巨大挑战。在诸多的技术中，新型电子电器信息架构、多类别传感器融合感知、新型智能终端、车载智能计算平台、车用无线通信网络、高精度地图与定位、云控基础平台等七大共性关键技术的突破直接决定了我国智能网联汽车产业的整体发展水平。

1. 环境感知技术

环境感知系统的任务是利用摄像头、毫米波雷达、激光雷达、超声波雷达等主要车载传感器以及 V2X 通信系统感知周围环境，通过提取路况信息、检测障碍物，为智能网联汽车提供决策依据。

由于车辆行驶环境复杂,当前感知技术在检测与识别精度方面无法满足自动驾驶发展需要,深度学习被证明在复杂环境感知方面有巨大优势,许多学者采用"深度学习"方法对行人、自行车等传统算法识别较为困难的目标物的识别方法进行了研究。

在传感器领域,激光雷达由于具有分辨率高的优势,已经成为越来越多自动驾驶车辆的标配传感器,低成本小型化的固态激光雷达成为研发热点。此外,针对单一传感器感知能力有限,目前涌现了不同车载传感器融合的方案,用以获取丰富的周边环境信息,具有优良的环境适应能力。

高精度地图与定位技术也是车辆重要的环境信息来源。目前,我国几大图商都在积极推进建设面向自动驾驶的高精度地图。基于北斗地基增强系统的高精度定位系统也已在我国开展应用,将为自动驾驶车辆提供低成本广覆盖的高精度定位方案。

针对复杂行驶环境下行人及骑车人的有效识别,清华大学研究团队建立了基于车载图像的行人及骑车人联合识别方法,其架构如图 2-4 所示。

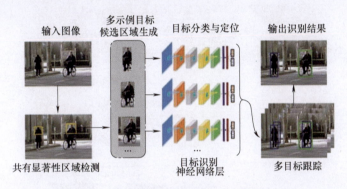

图 2-4 行人及骑车人联合识别架构

行人及骑车人的联合识别架构主要包括图像输入、目标候选区域选择、目标检测、多目标跟踪及结果输出等功能模块:

1)目标候选区域选择模块的作用是从输入图像中选出可能包含待检测目标的区域,该过程要在尽量少地选择背景区域的前提下,保证较高的目标召回率。

2)目标检测模块的主要作用是在保证尽量少误检和漏检的同时,将这些候选区域正确分类为待检测目标与背景,并进一步优化目标定位。该模块基于快速区域卷积神经网络目标检测框架,使用综合考虑案例提取、多层特征融合、多目标候选区域输入等多种改进方法的网络结构模型,可以将输入目标候选区域对应的行人、骑车人及背景清楚区分,并实现检测目标定位的回归优化。

3)多目标跟踪模块的作用是综合连续时间内的目标检测结果,先借助 P-N 专家在线学习方法,实现单个跟踪目标的在线学习与检测,再在粒子滤波目标跟踪方法的基础上,融合离线检测器及在线检测器的检测结果,实现多类型目标的长时间稳定跟踪。

2. 智能决策技术

决策系统的任务是根据全局行车目标、自车状态及环境信息等,决定采用的驾驶行为及动作的时机。决策机制应在保证安全的前提下适应尽可能多的工况,进行舒适、节能、高效的正确决策。常用的决策方法包括状态机、决策树、深度学习、增强学习等。

1)状态机是一种简便的决策方法,其用有向图表示决策机制。

● 小知识

　　状态机的优点在于：具有高可读性，能清楚地表达状态间的逻辑关系，在状态明确且较少时设计简单；缺点在于：需要人工设计，在状态复杂时性能不易保证，不能用机器学习。目前的自动驾驶系统多针对部分典型工况，状态迁移不是特别复杂，故采用状态机方法进行决策的案例较多。

2）决策树是一种简单但是广泛使用的分类器，从根到叶子节点实现分类，每个非叶子节点为一个属性上的测试，边为测试的结果。决策树具有可读的结构，同时可以通过样本数据的训练来建立，但是有过拟合的倾向，需要广泛的数据训练。在部分工况的自动驾驶上应用，效果与状态机类似，如图2-5所示。

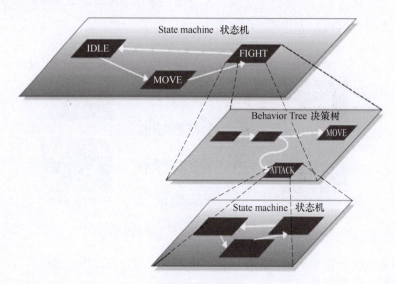

图 2-5　决策树

3）深度学习与增强学习是热门的机器学习方法。在处理自动驾驶决策方面，它能通过大量的学习实现对复杂工况的决策，并能进行在线的学习优化；但是其综合性能不易评价，对未知工况的性能也不易明确。深度学习由于需要较多的计算资源，一般是计算机与互联网领域研究自动驾驶采用的热门技术。

3. 控制执行技术

　　控制系统的任务是控制车辆的速度与行驶方向，使其跟踪规划的速度曲线与路径。现有自动驾驶汽车多数针对常规工况，因而较多采用传统的控制方法，如比例—积分—微分（PID）控制、滑模控制、模糊控制、模型预测控制、自适应控制、鲁棒控制等。这些控制方法性能可靠、计算效率高，已在主动安全系统中得到应用。

　　对于现有的控制器，工况适应性是一个难点，可行的方法是：根据工况参数进行控制器参数的适应性设计，如根据车速规划与参考路径曲率调整控制器参数，可灵活地调整不同工况下的性能。

　　线控执行机构是实现车辆自动控制的关键所在。国内目前对制动、转向系统关键技术已有一定研发基础，但是相比博世、德尔福等国外大型企业，在控制稳定性、产品一致性和市场规模方面仍有一定差距。

（1）多目标协同式自适应巡航控制　自适应巡航控制系统中，同时具备自动跟车行驶、低燃油消耗和符合驾驶人特性三类功能，对于全面提升行车安全性、改善车辆燃油经济性、减轻驾驶疲劳强度具有重要的意义。目前的研究多针对单一功能的实现，未考虑三者之间的制约关系以及车辆建模的不确定性和驾驶人行为的非线性，这导致现有的线性最优控制方法难以解决三类功能之间的矛盾性。针对此问题，清华大学李克强课题组的研究首次提出并建立了车辆多目标协同式自适应巡航控制（MOCACC）系统，其控制架构如2-6所示。

仿真与实车实验结果表明，所开发的多目标协调式自适应巡航控制系统，在保障跟踪性能的前提下可有效降低车辆油耗，且符合期望车距、动态跟车和乘坐舒适性等多类驾驶人特性。图 2-7 是 MOCACC 系统与传统自适应巡航控制（ACC）系统的性能对比图。其中：LQACC 为线性二次型自适应巡航控制系统。

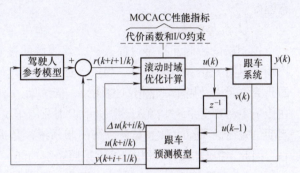

图 2-6　MOCACC 控制构架

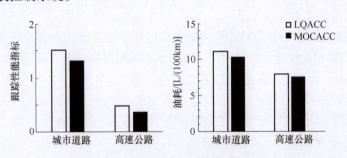

图 2-7　MOCACC 的性能提升效果

（2）多车队列协同式控制　车辆队列化是将单一车道内的相邻车辆进行编队，根据相邻车辆信息自动调整该车辆的纵向运动状态，最终达到一致的行驶速度和期望的构型。一种行之有效的方法是多智能体系统（MAS）方法。在控制领域中，多智能体系统是由多个具有独立自主能力的智能体，通过一定的信息拓扑结构相互作用而形成的一种动态系统。用多智能体系统方法来研究车辆队列的一种框架是"四元素"模型，如图 2-8 所示。

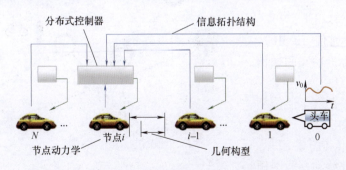

图 2-8　车辆队列的"四元素"模型

车辆队列可以显著降低油耗、改善交通效率以及提高行车安全性。清华大学设计了一类适用于中长距和中速工况需求,对车辆位置控制的精度要求低(车距误差±5m即可),而且整体节能效果不低于10%的周期型节能控制方案。控制策略又称加速-滑行式策略(PNG),首先提升发动机负荷至最佳工作点,使车辆加速至较高速度,然后将发动机置于怠速状态,让车辆滑行至原速度;周期重复这一过程,利用车身实现动能的存储与释放,达到节能效果。对于车辆队列而言,周期驾驶实现了车辆动力系特性与车辆运动状态的最佳动态匹配。

4. 人机共驾技术

控制层的控制互补是目前人机共驾领域的核心关注点。人机共驾人机并行控制,双方操控输入具有冗余和博弈特征。另一方面,由于驾驶人行为特性(如决策意图和操控发力等)的研究不足以及周车环境信息的缺失,传统动力学安全控制系统无法扩展至更广区域。因此,在传统主动安全系统中融入驾驶决策识别及周车轨迹预测信息,构建包含动力学稳定性风险和运动学碰撞性风险的双重安全包络控制系统,是提高人机共驾行驶稳定性和主动安全性的核心。因此,控制层的人机共驾技术按照系统功能,可以分为共享型控制和包络型控制两种。

1)共享型控制是指人机同时在线,驾驶人与智能系统的控制权随场景转移,人机控制并行存在。主要解决因控制冗余造成的人机冲突以及控制权分配不合理引起的负荷加重等问题。

2)包络型控制是指过获取状态空间的安全区域和边界条件形成控制包络,进而对行车安全进行监管,当其判定可能发生风险时进行干预,从而保证动力学稳定性和避免碰撞事故。

德国亚琛工业大学学者,模仿人机共驾过程,提出了"松、紧"两种共驾模式,探讨了控制权随场景转移的分配机制。美国斯坦福大学学者,提出构造稳定性安全区域和碰撞性安全区域,研究了共驾汽车临界危险的预防和干预机制。中国的清华大学、吉林大学等高校与一汽等企业合作,开展了共享控制型的人机共驾研究。人机共驾技术属于智能汽车领域的新研究方向,国内外研究多数停留于原理论证与概念演示阶段,尚缺乏全面系统的基础理论支撑。

5. 通信与平台技术

车载通信的模式,依据通信的覆盖范围可分为车内通信、车际通信和广域通信。

(1)车内通信 从蓝牙技术发展到Wi-Fi技术和以太网通信技术。

(2)车际通信(图2-9)包括专用的短程通信(DSRC)技术和正在建立标准的车间通信长期演进技术(LTE-V),LTE-V也是5G通信技术在汽车通信领域的一个演化版本。

(3)广域通信(图2-10)指目前广泛应用在移动互联网领域的4G、5G等通信方式。

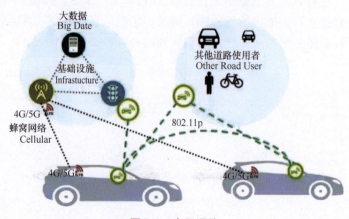

图2-9 车际通信

通过网联无线通信技术，车载通信系统将更有效地获得的驾驶人信息、自车的姿态信息和汽车周边的环境数据，进行整合与分析。

国外在车联网平台的技术标准化方面比较完善，典型的平台架构是由宝马汽车公司牵头联合Connexis、WirelessCar共同开发而成的车联网平台体系框架及开放的技术标准协议（NGTP），即"下一代车联网架构"，为车联网平台的

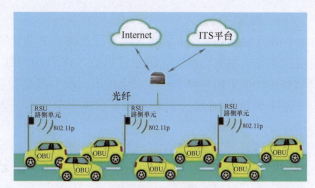

图2-10 广域通信

发展应用提供了更大的灵活性及可扩展性。我国企业基本都是自建服务平台，各平台间数据之间无法互联互通，信息安全管理模式也存在问题。交通部针对营运车辆推出的联网联控平台已经实现了全国性重点营运车辆的大规模接入，但没有涉及规模最大的乘用车领域。

通信与平台技术的应用，极大地提高了车辆对于交通与环境的感知范围，也为基于云控平台的汽车节能技术的研发提供了支撑条件。基于云控平台的汽车节能驾驶系统框架如图2-11所示，车辆通过车与云平台的通信将其位置信息及运动信息发送至云端，云端控制器结合道路信息（如坡度、曲率等）以及交通信息（如交通流、交通信号灯等）对车辆速度和档位等进行优化，以提高车辆燃油经济性，并提高交通效率。

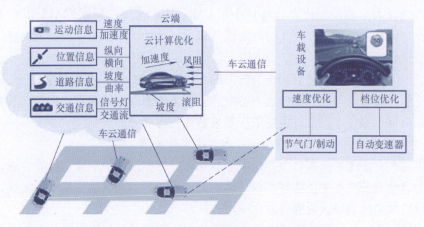

图2-11 基于云控平台的汽车节能驾驶系统框架

● 小知识

在云端控制器中，以车辆行驶路段的油耗为优化目标，在车辆动力学约束、交通流速约束和交通信号约束下，对车辆档位和速度轨迹进行优化。利用实车试验，测试基于云控平台的汽车节能驾驶系统性能。实车试验中包含3个信号交叉路口以及1台车辆，车辆运动信息、油耗信息可通过全球定位系统（GPS）及控制器局域网（CAN）总线获取，交通信号信息可从交通信号机中进行采集，利用以上信息对车辆速度进行优化。3个路口的实车试验结果表明：此系统对不同驾驶人均有提高燃油经济性的效果，通过3个交叉路口平均可节油约15%。

6. 信息安全技术

汽车信息系统已安全成为汽车行业的一个重要发展领域。目前，国际上已经有ISO26262等汽车安全相关标准，美国也已形成SAEJ3061/IEEE1609.2等系列标准，欧洲EVITA研究项目也提供了相关汽车信息安全指南，而中国政府在2014年《国民经济和社会发展第十二个五年规划》（十二五规划）中首次将汽车信息安全作为关键基础问题进行研究，和国际发展存在一定差距。

急需结合中国智能网联汽车实际，确定网联数据管理对象并实行分级管理，建立数据存储安全、传输安全、应用安全三维度的数据安全体系。建立包括云安全（实现数据加密、数据混淆、数据脱敏、数据审计等技术的应用）、管安全（基于802.11p/IEEE1609.2，实现通信加密体系、身份认证体系、证书体系、防重放、防篡改、防伪造等技术应用）、端安全（实现车载安全网关、安全监测监控系统、车载防火墙、车载入侵检测技术的应用）在内的"云—管—端"数据安全技术框架，制订中国智能网联数据安全技术标准。

围绕信息安全技术领域的周边行业，也成就了很多创新研究方向。尤其在信息安全测试评估方面，众多科研机构和创业公司通过干扰车辆的通信设备以及毫米波雷达、激光雷达和摄像头等车载传感设备，进行智能车的信息安全的攻防研究。

二、汽车智能化与网联化未来发展趋势

1. 以深度学习为代表的AI技术快速发展和应用

以"深度学习"方法为代表的人工智能（AI）技术在智能网联汽车上正在得到快速应用。尤其在环境感知领域，深度学习方法已凸显出巨大的优势，正在以惊人的速度替代传统机器学习方法。

深度学习方法需要大量的数据作为学习的样本库，对数据采集和存储提出了较高需求；同时，深度学习方法还存在内在机理不清晰、边界条件不确定等缺点，需要与其他传统方法融合使用以确保可靠性，目前，也受限于车载芯片处理能力的限制。

2. 激光雷达等先进传感器加速向低成本、小型化发展

激光雷达相对于毫米波雷达等其他传感器具有分辨率高、识别效果好等优点，已越来越成为主流的自动驾驶汽车用传感器；但其体积大、成本高，同时也更易受雨雪等天气条件影响，这导致它现阶段难以大规模商业化应用。

目前，激光雷达正在向着低成本、小型化的固态扫描或机械固态混合扫描形式发展，但仍需要克服光学相控阵易产生旁瓣影响探测距离和分辨率、繁复的精密光学调装影响量产规模和成本等问题。

3. 自主式智能与网联式智能技术加速融合

网联式系统能从时间和空间维度突破自主式系统对于车辆周边环境的感知能力。

（1）在时间维度　通过V2X通信，系统能够提前获知周边车辆的操作信息、红绿灯等交通控制系统信息以及气象条件、拥堵预测等更长期的未来状态信息。

（2）在空间维度　通过V2X通信，系统能够感知交叉路口盲区、弯道盲区、车辆遮挡盲区等位置的环境信息，从而帮助自动驾驶系统更全面地掌握周边交通态势。

网联式智能技术与自主式智能技术相辅相成，互为补充，正在加速融合发展。

4. 高速公路与低速区域自动驾驶系统将率先应用

高速公路与城市低速区域将是自动驾驶系统率先应用的两个场景。

高速公路的车道线、标示牌等结构化特征清晰，交通环境相对简单，适合车道偏离报警（LDW）、车道保持系统（LKS）、自动紧急制动（AEB）、自适应巡航控制（ACC）等驾驶辅助系统的应用。目前，市场上常见的特斯拉等自动驾驶汽车就是L2～L4级自动驾驶技术的典型应用。

而在特定的城市低速区域内，可提前设置好高精度定位、V2X等支撑系统，采集好高精度地图，利于实现在特定区域内的自动驾驶，如自动物流运输车、景区自动摆渡车、园区自动通勤车等。

5. 自动驾驶汽车测试评价方法研究与测试场建设成为热点

随着技术的发展，自动驾驶汽车的安全性越来越多地受到关注，关于自动驾驶汽车测试评价方法的研究以及测试场、示范区的建设成为全球热点。

如何测试自动驾驶汽车？一种潜在的解决方案是引入"普通人类驾驶人"的抽象概念并建立安全基线——一系列定性、定量的关键功能、性能指标，表征自动驾驶系统驾驶汽车的安全程度。如果把自动驾驶系统看作一个驾驶人，对其的考核也可以类比驾驶人的考核过程。

（1）首先需要"体验" 检查自动驾驶系统对环境感知、车辆控制等的基本能力。

（2）其次理论测试 测试自动驾驶汽车对交通法规的遵守能力。

（3）再次是场地考核 既在特定场景下的自动驾驶测试。

（4）最后是实路考核 将自动驾驶汽车放置于特定开放测试道路内进行实际测试。

在测试场建设方面，美国密歇根大学率先建成了面积约 $13hm^2$（$13000m^2$）的智能网联汽车专用测试场 M-City。日本、欧洲等多地也已建成或在积极建设各类智能网联汽车专用测试场。上海嘉定于2016年率先建成中国第一个专业的智能网联汽车测试场。随着智能网联汽车的快速发展，北京、重庆等地纷纷建设智能网联汽车试验基地。北京市统筹组织交通、汽车、通信产业链9家龙头企业组建成立"北京智能车联产业创新中心"，2019年8月，北京市最长的智能网联测试道路已经建成并启用，该测试场是北京市首个T1～T5级别测试场。2019年12月8日中国通信技术集团中国汽研智能网联汽车试验基地在重庆落成投用。

【项目小结】

本项目主要讲解智能网联汽车的相关技术的基础概念，通过学习能够掌握智能网联汽车相关技术的基本构成，智能网联汽车产业的基础架构，掌握相关技术的应用场景，更好地把握智能网联汽车的未来。

项目三
智能网联汽车环境感知技术

任务一 智能网联汽车环境感知技术的认知

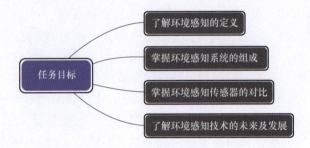

任务目标：
- 了解环境感知的定义
- 掌握环境感知系统的组成
- 掌握环境感知传感器的对比
- 了解环境感知技术的未来及发展

知识准备

一、环境感知技术

1. 环境感知的定义

智能网联汽车是集感知、决策和控制等功能于一体的自主交通工具，期中，感知系统代替人类驾驶人的视听、触觉等功能，融合摄像机、雷达等传感器采集交通环境数据，精确识别各类交通元素，为自动驾驶汽车决策系统提供支撑，如图 3-1 所示。

环境感知就是利用车载激光雷达、毫米波雷达、超声波雷达、视觉传感器以及 V2X 通信技术等获取道路、车辆位置和障碍物的信息，并将这些信息传输给车载控制中心，为智能网联汽车提供决策依据，是 ADAS 实现的第一步。

环境感知系统

项目三　智能网联汽车环境感知技术

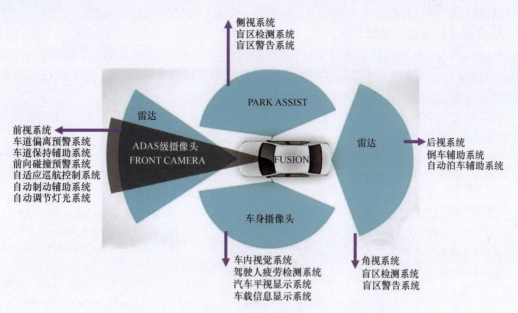

图 3-1　环境感知传感器在智能网联汽车上的应用

2. 环境感知系统的组成

智能网联汽车环境感知系统由信息采集单元、信息处理单元和信息传输单元组成，如图 3-2 所示。

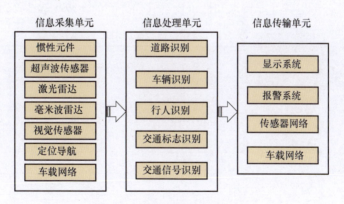

图 3-2　环境感知系统的组成

（1）信息采集单元　对环境的感知和判断是智能网联汽车工作的前提与基础，感知系统获取周围环境和车辆信息的实时性及稳定性，直接关系到后续检测或识别准确性和执行有效性。

（2）信息处理单元　信息处理单元主要是对信息采集单元输送来的信号，通过一定的算法对道路、车辆、行人、交通标志、交通信号等进行识别。

（3）信息传输单元　信息处理单元对环境感知信号进行分析后，将信息送入传输单元，传输单元根据具体情况执行不同的操作，如分析后的信息确定前方有障碍物，并且本车与障碍物之间的距离小于安全车距，则将这些信息送入控制执行模块，控制执行模块结合本车速度、加速度、转向角等自动调整智能网联汽车的车速和方向，实现自动避障，在紧急情况下也可以自动制动；信息传输单元把信息传输到传感器网络上，实行车辆内部资源共享；也可以把处理信息通过自组织网络传输给车辆周围的其他车辆，实现车辆与车辆之间的信息共享。

3. 环境感知传感器配置

智能网联汽车环境感知传感器主要有超声波雷达传感器、毫米波雷达、激光雷达、单/双/三目摄像头、环视摄像头等，它们在智能网联汽车上的配置与自动驾驶级别有关，自动驾驶级别越高，配置的传感器越多。

典型智能网联汽车传感器基本配置见表3-1。

表3-1 典型智能网联汽车传感器基本配置

传感器	数量/个	最小感知范围	备注
环视摄像头（高清）	4	8m	1. 前向和侧向毫米波雷达不能互换 2. 毫米波雷达和激光雷达互为冗余 3. 传感器供应商不同，数据存在出入，仅供参考
前视摄像头（单目）	1	50°/150m	
超声波传感器	12	5m	
侧向毫米波雷达/24GHz	4	110°/60m	
前向毫米波雷达/77GHz	1	15°/170m	
激光雷达	1	110°/100m	

随着汽车智能化和网联化的发展，智能网联汽车配备的先进传感器的数量将会逐渐增加，预计无人驾驶汽车将会装配40个左右先进传感器。

4. 环境感知传感器对比

超声波雷达传感器、毫米波雷达、激光雷达和视觉传感器作为主要的环境感知传感器，它们的选择需要综合考虑其性能特点和性价比，它们之间的比较见表3-2。

表3-2 环境感知传感器对比

项目 \ 传感器类型	超声波雷达	毫米波雷达	激光雷达	视觉传感器
近距离探测	弱	强	强	较强
探测角度	120°	10°~70°	15°~360°	30°
夜间环境	强	强	强	弱
全天候	弱	强	强	弱
路标识别	×	×	×	√
主要应用	泊车辅助	自适应巡航控制系统、自动紧急制动系统、前向碰撞预警系统、盲区检测系统	实时建立车辆周边环境的三维模型	车道偏离预警系、车道保持辅助系统、盲区检测系统、前向碰撞预警系统、交通标志识别系统、交通信号灯识别系统、全景泊车系统
成本	低	适中	高	适中

二、环境感知技术未来的发展趋势

传感器融合就是将多个传感器获取的数据、信息集中在一起综合分析以便更加准确可靠地描述外界环境，从而提高系统决策的正确性。

1. 多传感器融合的基本原理

多传感器融合的基本原理类似于人类大脑对环境信息的综合处理过程。人类对外界环境的感知是通过将眼睛、耳朵、鼻子和四肢等感官所探测的信息传输至大脑,并与先验知识进行综合分析,实现对其周围的环境和正在发生的事件做出快速准确的评估;而多传感器融合技术是通过各种传感器对环境信息进行感知,并传输信息至信息融合中心,与数据库信息进行综合分析,实现对周围的环境和正在发生的事件做出快速准确的评估。

2. 多传感器融合体系

多传感器融合的体系结构分为分布式、集中式和混合式,如图3-3所示。

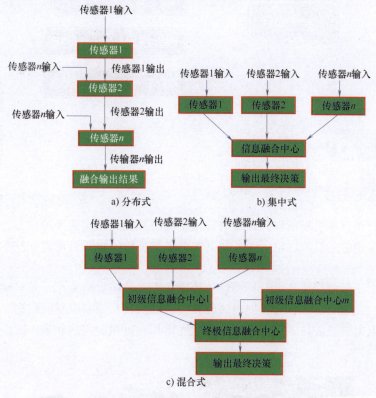

图3-3 多传感器融合的体系结构图

（1）分布式　先对各个独立传感器所获得的原始数据进行局部处理,然后再将结果送入信息融合中心进行智能优化组合来获得最终的结果。分布式多传感器对通信带宽的需求低,计算速度快,可靠性和延续性好,但跟踪的精度却远没有集中式高。

（2）集中式　集中式多传感器将各传感器获得的原始数据直接送至信息融合中心进行融合处理,可以实现实时融合。优点是数据处理的精度高,算法灵活;缺点是对处理器的要求高,可靠性较低,数据量大,故难以实现。

（3）混合式　混合式多传感器信息融合框架中,部分传感器采用集中式融合方式,剩余的传感器采用分布式融合方式。混合式融合框架具有较强的适应能力,兼顾集中式融合和分布式的优点,稳定性强。混合式融合方式的结构比前两种融合方式的结构复杂,这样就加大通信和计算上的代价。

目前，多传感器融合的理论方法有贝叶斯准则法、卡尔曼滤波法、D-S证据理论法、模糊集理论法、人工神经网络法等。

任务二　智能网联汽车雷达的应用

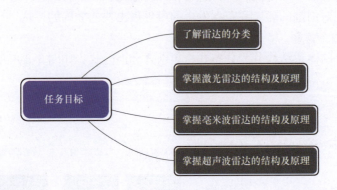

知识准备

智能汽车的"眼睛"

一、雷达的分类

智能网联汽车自动驾驶的前提是实时高精度高可靠性道路交通环境感知，传感器作为环境感知与控制系统的信息源、电子眼，是其中的关键部件，也是自动驾驶技术领域研究的核心内容之一。

雷达能够主动探测周边环境，比视觉传感器受外界环境影响更小，是自动驾驶汽车的重要传感器之一。雷达通过向目标发射电磁波并接收回波，从而获取目标距离、方位、距离变化等数据。根据电磁波波段，雷达可细分为激光雷达、毫米波雷达和超声波雷达等三类，如图3-4所示。

　　　a) 激光雷达　　　　　　　b) 毫米波雷达　　　c) 超声波雷达

图3-4　雷达的分类

二、激光雷达

1. 激光雷达的定义

激光雷达是工作在光频波段的雷达，它利用光频波段的电磁波先向目标发射探测信号，然后将其接收到的回波信号与发射信号相比较，从而获得目标的位置（距离、方位和高度）、运动状态（速度、姿态）等信息，实现对目标的探测、跟踪和识别，如图3-5所示。

图3-5 激光雷达

激光雷达简介

2. 激光雷达的类型

激光雷达按有无机械旋转部件,可分为机械激光雷达、固态激光雷达和混合固态激光雷达。

(1) 机械激光雷达 机械激光雷达带有控制激光发射角度的旋转部件,体积较大,价格昂贵,测量精度相对较高,一般置于汽车顶部。

(2) 固态激光雷达 固态激光雷达则依靠电子部件来控制激光发射角度,无须机械旋转部件,故尺寸较小,可安装于车体内。

(3) 混合固态激光雷达 混合固态激光雷达没有大体积旋转结构,采用固定激光光源通过内部玻璃片旋转的方式改变激光光束方向,实现多角度检测的需要,并且采用嵌入式安装。

根据线束数量的多少,激光雷达又可分为单线束激光雷达与多线束激光雷达。

(1) 单线束激光雷达 单线束激光雷达扫描一次只产生一条扫描线,其所获得的数据为2D数据,因此无法区别有关目标物体的3D信息。但由于单线束激光雷达具有测量速度快、数据处理量少等特点,多被应用于安全防护、地形测绘等领域。

(2) 多线束激光雷达 多线束激光雷达扫描一次可产生多条扫描线。目前市场上多线束激光雷达产品包括4线束、8线束、16线束、32线束、64线束等,其细分可分为2.5D激光雷达及3D激光雷达。2.5D激光雷达与3D激光雷达最大的区别在于激光雷达垂直视野的范围,前者垂直视野范围一般不超过10°,而后者可达到30°甚至40°以上,这也就导致两者对于激光雷达在汽车上的安装位置要求有所不同。图3-6为机械激光雷达和固态激光雷达以及64线束、32线束和16线束的激光雷达。

a) 机械激光雷达

b) 全固态激光雷达

c) 多线束激光雷达

图3-6 激光雷达的类型

3. 激光雷达的特点

(1) 分辨率高 激光雷达可以获得极高的角度、距离和速度分辨率。通常激光雷达的角分辨率不低于0.1mard,也就是说可以分辨3km距离上相距0.3m的两个目标,并可同时跟踪多个目标;距离分辨率可达0.1m;速度分辨率能达到10m/s以内。

（2）探测范围广　探测距离可达 300m 左右。

（3）信息量丰富　可直接获取探测目标的距离、角度、反射强度、速度等信息，生成目标多维度图像。

（4）全天候工作　激光主动探测，不依赖于外界光照条件或目标本身的辐射特性，它只需发射自己的激光束，通过探测发射激光束的回波信号来获取目标信息；但容易受到大件以及工作环境烟尘的影响，且不具备摄像头能识别交通标志的功能。

4. 激光雷达系统的组成

智能网联汽车激光雷达系统由收发天线、收发前端、信号处理模块、汽车控制装置和报警模块组成，如图3-7所示。

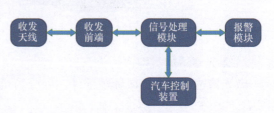

（1）收发天线　收发天线可安装于车辆保险杠内，向车辆前方发出发射信号，并接收反射信号。

图 3-7　智能网联汽车激光雷达系统的组成

（2）收发前端　收发前端是雷达系统的核心部件，负责信号调制、射频信号的发射接收及接收信号解调。

（3）信号处理模块　信号处理模块自动分析、计算出与前方车辆的距离和相对速度，并且防止转弯时错误测量临近车道车辆的情况发生。

（4）汽车控制装置　汽车控制装置是控制汽车的自动操作系统，达到自动减速慢速行车，或紧急制动。通过限制发动机输出转矩、调节制动力及变速器档位，控制汽车的行驶速度。

（5）报警模块　根据设定的安全车距和报警距离，以适当方式给驾驶人报警，保障汽车安全行驶。

5. 激光雷达的测距原理

激光雷达测距的基本原理是通过测算激光发射信号与激光回波信号的往返时间，从而计算出目标的距离。首先，激光雷达发出激光束，激光束碰到障碍物后被反射回来，被激光接收系统进行接收和处理，从而得知激光从发射至被反射回来并接收之间的时间，即激光的飞行时间，根据飞行时间，可以计算出障碍物的距离。根据所发射激光信号的不同形式，激光测距方式可分为脉冲法激光测距和相位法激光测距两大类，如图3-8所示。

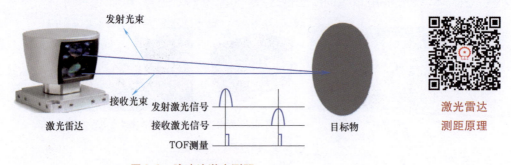

图 3-8　脉冲法激光测距

（1）脉冲法激光测距　脉冲法是通过激光雷达的发射器发出脉冲激光照射到障碍物后有部分激光反射回来，由激光雷达的接收器接收。同时激光雷达内部可以记录发射和接收的飞行时间间隔，根据光速可以计算出要测量的距离。

(2)相位法激光测距 相位法由激光发射器发出强度调制的连续激光信号,照射到障碍物后反射回来,测量光束在往返中会产生相位的变化,通过计算激光信号在雷达与障碍物之间来回飞行产生的相位差,换算出障碍物的距离。

6. 激光雷达的应用

激光雷达具有高精度电子地图和定位、障碍物识别、可通行空间检测、障碍物轨迹预测等功能。

(1)高精度电子地图和定位 利用多线束激光雷达的点云信息与车载组合惯导采集的信息,进行高精度电子地图制作。无人驾驶汽车利用激光点云信息与高精度电子地图匹配,以此实现高精度定位。

(2)障碍物识别 利用高精度电子地图限定感兴趣区域(ROI)后,根据障碍物特征和识别算法,进行障碍物检测与识别。

(3)可通行空间检测 利用高精度电子地图限定 ROI 后,可以对 ROI 内部(比如可行驶道路和交叉口)点云的高度及连续性信息判断点云处是否可通行。

(4)障碍物轨迹预测 根据激光雷达的感知数据与障碍物所在车道的拓扑关系(道路连接关系)进行障碍物的轨迹预测,以此作为无人驾驶汽车规划(避障、换道、超车等)的判断依据。

IBEOLUX(4线)激光雷达是德国 IBEO 公司借助高分辨率激光测量技术推出的第一款多功能汽车智能传感器。它拥有 110°的宽视角,0.3~200m 的探测距离,绝对安全的等级激光。

IBEOLUX(4线)激光雷达不仅输出原始扫描数据,同时输出每个测量对象的数据,如位置、尺寸、纵向速度、横向速度等,拥有远距离、智能分辨率、全天候等能力,结合 110°的宽视角,在以下七个方面拥有出色的性能。

(1)行人保护 当一个人出现在车辆行驶的前方路面上时,需要车辆提供保护的场合。IBEOLUX(4线)激光雷达能检测 0.3~30m 视场范围内的所有行人。通过分析对象的外形、速度和腿部移动来区分行人与普通物体,传感器在启动安全保护措施前 300ms 时发出警告,这样便可在发生碰撞之前保护行人。

(2)自适应巡航控制系统的启和停(图3-9) 基于 IBEOLUX(4线)激光雷达的自适应巡航控制系统可在 0~200km/h 的速度范围内实现自动行驶,可在没有驾驶人帮助的情况下自动调整车速,如有必要,制动停行。宽视场范围使得它能及时地检测到并线的车辆,并且快速地判断它的横向速度。

(3)车道偏离预警 IBEOLUX(4线)激光雷达可以检测车辆行驶前方车道线标识潜在的障碍,同时也可以计算车辆在道路中的位置。如果车辆可能会偏离航线,系统会立即发出预警,如图3-10 所示。

(4)自动紧急制动 IBEOLUX(4线)激光雷达实时检测车辆行驶前方所有静止的和移动的物体,并且判断它们的外形,当要发生危险时,自动紧急制动,如图3-11 所示。

图3-9 自适应巡航控制系统

（5）预碰撞处理　通过分析所有的环境扫描数据，不管是即将发生什么样的碰撞（如擦碰），预碰撞功能都会在碰撞发生前 100ms 发出警告。IBEOLUX（4 线）激光雷达能计算出碰撞的初始接触点并且采取措施以减小碰撞，提前启动安全系统，如图 3-12 所示。

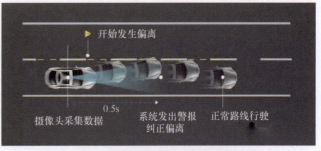

图 3-10　车道偏离预警系统

图 3-11　自动紧急制动

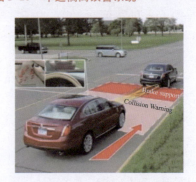

图 3-12　预碰撞处理

（6）交通拥堵辅助　针对城市拥堵路况，IBEOLUX（4 线）激光雷达能够在上下班路上消除频繁起停而带来的烦恼。驾驶人只需掌握好汽车转向盘，该功能在时速小于 30km/h 的路况下显得尤为重要，如图 3-13 所示。缓和的加/减速度和可靠的行人保护功能，使车辆驾驶既安全又安心。

（7）低速防碰撞功能　行驶途中，哪怕是一小会儿的分神也有可能导致事故发生，引入低速防碰撞功能，使得以前在 30km/h 以下时常发生的类似事故不再发生，IBEOLUX（4 线）激光雷达检测并分析前方的路况，车辆会在发生碰撞前自动停驶，如图 3-14 所示。

图 3-13　交通拥堵

图 3-14　低速防碰撞

三、毫米波雷达

毫米波雷达是高阶自动驾驶的标配。全球毫米波雷达市场集中度较高，2018 年 CR5 高达 68%。毫米波雷达指工作在 30～300GHz 频域的雷达，具有体积小、质量轻和空间分辨率高等优点，具有全天候、全天时等优秀特性，能够同时识别多个小目标，可以穿透雾、烟、灰尘等环节,精准测量目标的相对距离和相对速度,被广泛应用于自动驾驶汽车车间距离探测,但易受干扰。

1. 毫米波雷达的定义

毫米波雷达是工作在毫米波频段的雷达,如图3-15所示。毫米波是指波长在1~10mm的电磁波,对应的频率范围为30~300GHz。毫米波雷达是ADAS核心传感器,主要用于自适应巡航控制系统、自动紧急制动系统、盲区监测系统、行人检测系统等。

图3-15 毫米波雷达

毫米波雷达简介

毫米波位于微波与远红外波相交叠的波长范围,所以毫米波兼有这两种波谱的优点,同时也有自己独特的性质,根据波的传播理论,频率越高,波长越短,分辨率越高,穿透力越强,但在传播过程中的损耗也越大,传输距离越短;相反,频率越低,波长越长,绕射能力越强,传输距离越远。所以与微波相比,毫米波的分辨率高,指向性好,抗干扰能力强和探测性能好。与红外波相比,毫米波的大气衰减小,对烟雾和灰尘具有更好的穿透性,受天气影响小。

2. 毫米波雷达的特点

(1) **探测距离远** 毫米波雷达探测距离远,最远可达250m左右。

(2) **响应速度快** 毫米波的传播速度与光速一样,并且其调制简单,配合高速信号处理系统,可以快速地测量出目标的角度、距离、速度等信息。

(3) **适应能力强** 毫米波具有很强的穿透能力,在雨、雪、大雾等恶劣天气依然可以正常工作,而且不受颜色与温度的影响。

毫米波雷达的缺点是覆盖区域呈扇形,有盲点区域;无法识别道路标线、交通标志和交通信号灯。

3. 毫米波雷达的类型

毫米波雷达(图3-16)可以按照工作原理、探测距离和频段进行分类。

(1) **按工作原理分类** 毫米波雷达按工作原理的不同可以分为脉冲式毫米波雷达与调频式连续毫米波雷达两类。脉冲式毫米波雷达通过发射脉冲信号与接收脉冲信号之间

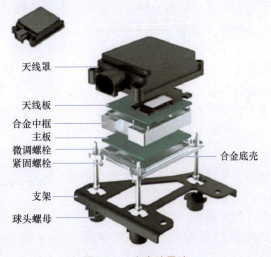

图3-16 毫米波雷达

的时间差来计算目标距离；调频式连续毫米波雷达是利用多普勒效应测量得出不同目标的距离和速度。脉冲式测量原理简单，但由于受技术、元器件等方面的影响，实际应用中很难实现。目前，大多数车载毫米波雷达都采用调频式连续毫米波雷达。

（2）按探测距离分类　毫米波雷达按探测距离可分为近距离（SRR）、中距离（MRR）和远距离（LRR）毫米波雷达，如图3-17所示。

（3）按频段分类　毫米波雷达按采用的毫米波频段不同，划分有24GHz、60GHz、77GHz和79GHz毫米波雷达，主流可用频段为24GHz和77GHz。79GHz有可能是未来发展趋势。

77GHz毫米波雷达与24GHz毫米波雷达相比具有以下不同。

① 77GHz毫米波雷达探测距离更远。
② 77GHz毫米波雷达的体积更小。
③ 77GHz毫米波雷达所需要的工艺更高。
④ 77GHz毫米波雷达的检测精度更好。
⑤ 相对于24GHz毫米波雷达的射频芯片，77GHz雷达射频的芯片更不易获取。

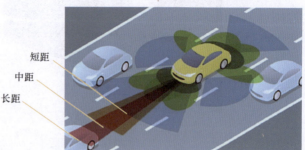

图3-17　毫米波雷达的探测距离

4. 毫米波雷达的测量原理

调频式连续毫米波雷达是利用多普勒效应测量得出不同目标的距离和速度，它通过发射源向给定目标发射毫米波信号，并分析发射信号时间、频率和反射信号时间、频率之间的差值，精确测量出目标相对于雷达的距离和运动速度等信息。

雷达调频器通过天线发射毫米波信号，发射信号遇到目标后，经目标的反射会产生回波信号，发射信号与回波信号相比形状相同，时间上存在差值；当目标与雷达信号发射源之间存在相对运行时，发射信号与回波信号之间除存在时间差外，还会产生多普勒频率。

毫米波雷达工作原理

5. 毫米波雷达的目标识别流程

毫米波雷达的目标识别是通过分析回波特征信息，采用数学手段通过各种特征空间变换来抽取目标的特性参数，如大小、材质、形状等，并将抽取的特性参数与已建立的数据库中的目标特征参数进行比较、辨别和分类，其流程如图3-18所示。

（1）特征信息提取　利用发射源与目标处于相对静止状态时的中频信号可以进行目标特征信息的提取，以有效进行目标识别。

（2）特征空间变换　特征空间变换是利用梅林变换、沃尔什变换、马氏距离线性变换等正交变换

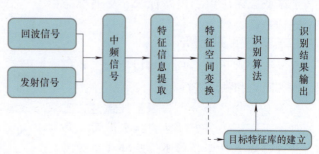

图3-18　毫米波雷达的目标识别流程

方法，解除不同目标特征间的相关性，加强不同目标特征间的可分离性，最终剔除冗余特征，达到减少计算量的目的。

(3) 识别算法　识别算法主要有空目标去除、无效目标去除和静止目标去除。

(4) 目标特征库的建立　目标特征库的建立有三种方法：通过实际试验数据建立，通过半实物仿真数据建立，通过虚拟仿真数据建立。

(5) 识别结果输出　把识别结果输出到有关的控制系统中，完成相应的控制功能。

6. 毫米波雷达的应用

毫米波雷达广泛应用于智能网联汽车的自适应巡航控制系统、前向碰撞预警系统、自动紧急制动系统、盲区监测系统、自动泊车辅助系统、变道辅助系统等先进驾驶辅助系统（ADAS）中，见表3-3。

表3-3　毫米波雷达在智能网联汽车上的应用范围

毫米波雷达类型		近距离	中距离	远距离
探测距离/m		<60	100左右	>200
工作频段/GHz		24	77	77
功能	自适应巡航控制系统	—	前方	前方
	自动紧急制动系统	—	前方	前方
	前向碰撞预警系统	—	前方	前方
	自动泊车辅助系统	侧方	侧方	—
	盲区监测系统	前方、后方	侧方	—
	变道辅助系统	后方	后方	—
	后方碰撞预警系统	后方	后方	—
	行人监测系统	前方	前方	—
	驻车开门辅助系统	侧方	—	—

为了满足不同距离范围的探测需要，一辆汽车上会安装多个近距离、中距离和远距离毫米波雷达。其中24GHz雷达系统主要实现近距离（SRR）探测，77GHz雷达系统主要实现中距离（MRR）和远距离（LRR）探测。不同的毫米波雷达在车辆前方、侧方和后方发挥不同的作用。

毫米波雷达在智能网联汽车ADAS中的应用如图3-19所示。例如自适应巡航控制需要三个毫米波雷达，车辆正中间一个77GHz的LRR，探测距离为150～250m，角度约为10°；车辆两侧各一个24GHz的SRR，角度都为30°，探测距离为50～70m。

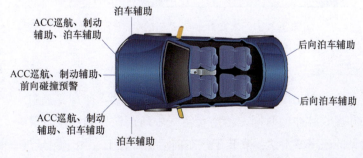

图3-19　毫米波雷达在ADAS中的应用

7. 毫米波雷达的布置

毫米波雷达在智能网联汽车上的布置如图 3-20 所示,它分为正向毫米波雷达布置、侧向毫米波雷达布置和毫米波雷达布置高度。

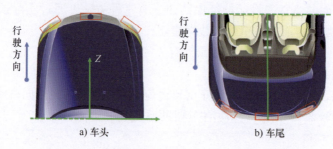

a) 车头　　b) 车尾

图 3-20　毫米波雷达在智能网联汽车上的布置位置

(1) 正向毫米波雷达布置　正向毫米波雷达一般布置在车辆中轴线,外露或隐藏在保险杠内部。雷达波束的中心平面要求与路面基本平行,考虑雷达系统误差、结构安装误差、车辆载荷变化后,需保证与路面夹角的最大偏差不超过 5°。

另外,在某些特殊情况下,正向毫米波雷达无法布置在车辆中轴线上时,允许正 Y 向最大偏置距离为 300mm,偏置距离过大会影响雷达的有效探测范围。

(2) 侧向毫米波雷达布置　侧向毫米波雷达在车辆四角呈左右对称布置,前侧向毫米波雷达与车辆行驶方向成 45°夹角,后侧向毫米波雷达与车辆行驶方向成 30°角,雷达波束的中心平面与路面基本平行,角度最大偏差仍需控制在 5°以内。

(3) 毫米波雷达布置高度　毫米波雷达在 Z 方向探测角度一般只有 ±5°,雷达安装高度太高会导致车下盲区增大,太低又会导致雷达波束射向地面,地面反射带来杂波干扰,影响雷达的判断。因此,毫米波雷达的布置高度(即地面到雷达模块中心点的距离),一般建议在 500mm(满载状态)~800mm(空载状态)之间,如图 3-21 所示。

毫米波雷达在布置时,还需要兼顾考虑其他因素,如雷达区域外造型的美观性、对行人保护的影响、设计安装结构的可行性、雷达调试的便利性、售后维修成本等。

图 3-21　毫米波雷达在汽车上的布置高度范围

四、超声波雷达

超声波雷达工作在 20kHz 以上,多用于精准测距,基本原理是通过测量超声波脉冲和接收脉冲的时间差,结合空气中超声波传输速度计算的相对距离。常见的超声波雷达:安装于汽车前后保险杠上,用于测量汽车前后障碍物;安装于汽车侧面,用于测量侧方障碍物距离。

超声波雷达简介

1. 超声波雷达传感器的定义

声音以波的形式传播称为声波。按频率分类，频率低于20Hz的声波称为次声波；频率为20Hz～20kHz的声波称为可听波，即人耳能分辨的声波；频率大于20kHz的声波称为超声波。

超声波雷达是利用超声波的特性研制而成的传感器，是在超声频率范围内将交变的电信号转换成声信号或者将外界声场中的声信号转换为电信号的能量转换器件。超声波雷达有一个发射头和一个接收头，安装在同一面上。在有效的检测距离内，发射头发射特定频率的超声波，遇到检测面反射部分超声波；接收头接收返回的超声波，由芯片记录声波的往返时间，并计算出距离值。超声波测距传感器可以通过模拟接口和IIC接口两种方式将数据传输给控制单元，如图3-22所示。

图3-22　超声波雷达

2. 超声波雷达的特点

1）超声波雷达有效探测距离一般在5～10m之间，但会有一个最小探测盲区，一般在几十毫米，如图3-23所示。

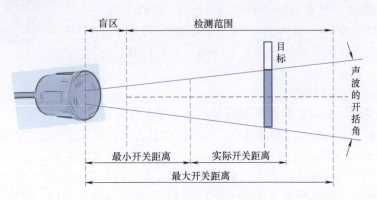

图3-23　超声波雷达有效探测距离

2）超声波对色彩、光照度不敏感，可适用于识别透明、半透明及漫反射差的物体。

3）超声波对外界光线和电磁场不敏感，可用于黑暗、有灰尘或烟雾、电磁干扰强、有毒等恶劣环境中。

4）超声波雷达结构简单、体积小、成本低，信息处理简单可靠，易于小型化与集成化，并且可以进行实时控制。

3. 超声波雷达的测距原理

超声波雷达的测距原理如图3-24所示,超声波发射器发出的超声波脉冲,经媒质(空气)传到障碍物表面,反射后通过媒质(空气)传到接收器,测出超声脉冲从发射到接收所需的时间,根据媒质中的声速,求得从探头到障碍物表面之间的距离。设探头到障碍物表面的距离为 L,超声波在空气中的传播速度为 v(约为340m/s),从发射到接收所需的传播时间为 t,当发射器和接收器之间的距离远小于探头到障碍物之间的距离时,则有 $L = \dfrac{vt}{2}$。

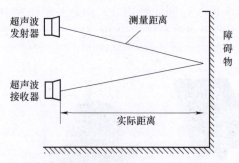

图3-24 超声波雷达地面测距原理

超声波雷达工作原理

4. 超声波雷达的类型

常见的超声波雷达有两种。第一种是安装在汽车前后保险杠上的,也就是用于探测汽车前后障碍物的雷达,探测距离一般在15~250cm之间,称为PDC(停车距离控制)传感器,也称为UPA(驻车辅助传感器);第二种是安装在汽车侧面的,是用于测量停车位长度的超声波雷达,探测距离一般在30~500cm之间,称为PLA(自动泊车辅助)雷达,也称为APA(泊车辅助传感器)。图3-25为汽车配备前后向共8个UPA,左右侧共4个APA。

图3-25 超声波雷达的类型

5. 超声波雷达的主要参数

(1) 测量范围 超声波雷达的测量范围取决于其使用的波长和频率。波长越长,频率越小,检测距离越大,如具有毫米级波长的紧凑型传感器的测量范围为300~500mm,波长大于5mm的传感器测量范围可达10m。

(2) 测量精度 测量精度是指传感器测量值与真实值的偏差。超声波雷达测量精度主要受被测物体体积、表面形状、表面材料等影响。被测物体体积过小、表面形状凹凸不平、物体材料吸收声波等情况都会降低超声波雷达的测量精度。测量精度越高,感知信息越可靠。

(3) 波束角 超声波雷达产生的超声波以一定角度向外发出,超声波沿雷达中轴线方向上的超声射线能量最大,能量向其他方向逐渐减弱。以雷达中轴线的延长线为轴线,到一侧能量强度减小一半处的角度称为波束角。波束角越小,指向性越好。一些超声波雷达具有较窄(6°)的波束角,更适合精确测量相对较小的物体。一些波束角在12°~15°的超声波雷达能够检测具有较大倾角的物体。

(4) 工作频率　工作频率直接影响超声波的扩散和吸收损失、障碍物反射损失、背景噪声，并直接决定雷达的尺寸。一般选择在 40kHz 左右，这样雷达方向性尖锐，且避开噪声，提高信噪比；虽然传播损失相对低频有所增加，但不会给发射和接收带来困难。

(5) 抗干扰性能　超声波为机械波，使用环境中的噪声会干扰超声波雷达接收物体反射回来的超声波，因此要求超声波雷达具有一定的抗干扰能力。

6. 超声波雷达的应用

超声波雷达在智能网联汽车中最常见的应用是自动泊车辅助系统，如图 3-26 所示。自动泊车辅助系统包含 8 个 PDC 传感器（用于探测周围障碍物）和 4 个 PLA 传感器（用于测量停车位的长度）。当驾驶人驾驶汽车以 30km/h 以下速度行驶，且侧面与其间距保持在 0.5～1.5m 时，PLA 传感器会自动检测两侧外部空间，探测到的所有合适的空间都会被系统储存下来，按下换档手柄右侧功能键便可在仪表板显示屏上显示此时的周围状态。如果空间足够泊车，驾驶人可以停车后挂入倒档，并

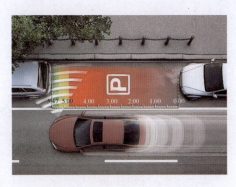

图 3-26　自动泊车辅助车道识别

慢速倒车。系统会按照事先计算好的轨迹自动控制前轮转向，无须驾驶人操纵转向盘。在自动泊车完成之后，驾驶人还可以在前后 PDC 传感器的帮助下将车进一步停正。

雷达在智能网联汽车领域中是不可或缺的，它相当于人类的"眼睛"，帮助确定物体的位置、大小、外部形貌甚至于材质，在整个人工智能产业中充当着举足轻重的位置。

任务三　智能网联汽车视觉传感器的应用

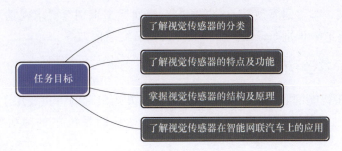

车载视觉传感器的作用与分类

一、视觉传感器的定义

视觉传感器又叫摄像头，主要由光源、镜头、图像传感器、模数转换器、图像处理器、图像存储器等组成，如图 3-27 所示。其主要功能是获取足够的机器视觉系统要处理的原始图像。把光、摄像机、图像处理器、标准的控制与通信接口等集成一体

的视觉传感器常称为一个智能图像采集与处理单元,如图 3-28 所示。内部程序存储器可存储图像处理算法,并能使用计算机,利用专用组态软件编制各种算法并下载到视觉传感器的程序存储器中,视觉传感器将计算机的灵活性、PLC 的可靠性、分布式网络技术结合在一起,用这样的视觉传感器和 PLC 可以更容易地构成机器视觉系统。

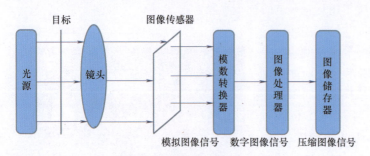

图 3-27 视觉传感器的组成　　　　　　　图 3-28 视觉传感器信息采集单元

二、视觉传感器的特点

1)视觉图像的信息量极为丰富,尤其是彩色图像,不仅包含视野内物体的距离信息,而且还有物体的颜色、纹理、深度和形状等信息。

2)在视野范围内可同时实现道路检测、车辆检测、行人检测、交通标志检测、交通信号灯检测等,信息获取面积大。当多辆智能网联汽车同时工作时,不会出现相互干扰的现象。

3)视觉信息获取的是实时的场景图像,提供的信息不依赖于先验知识,比如 GPS 导航依赖地图信息,有较强的适应环境的能力。

4)视觉传感器应用广泛,在智能网联汽车中可以前视、后视、侧视、内视、环视等。以前视为例,夜视、车道偏离预警、碰撞预警、交通标志识别等要求视觉系统在各种天气、路况条件下,能够清晰识别车道线、车辆、障碍物、交通标志等。

三、视觉传感器的类型

视觉传感器在智能网联汽车上应用是以摄像头方式出现的,主要用于车道偏离预警系统、车道保持辅助系统、盲区监测系统、自动制动辅助系统中的障碍物检测和道路检测等。

摄像头一般分为单目、双目、三目和环视摄像头等。

1. 单目摄像头

单目摄像头,如图 3-29 所示。一般安装在前风窗玻璃上部,用于探测车辆前方环境,识别道路、车辆、行人等,先通过图像匹配进行目标识别(各种车型、行人、物体等),再通过目标在图像中的大小去估算目标距离。这就要求对目标教学准确识别,然后要建立并不断维护一个庞大的样本特征数据库,保证这个数据库包含待识别目标的全部特征数据。如果缺乏待识别目标的特征数据,就无法估算目标的距离,导致

单目摄像头简介

ADAS 的漏报。

单目摄像头的优点是成本低廉,能够识别具体障碍物的种类,且识别准确;缺点是由于其识别原理导致其无法识别没有明显轮廓的障碍物,工作准确率与外部管线条件有关,并且受限于数据库,没有自学习功能。

2. 双目摄像头

双目摄像头(图 3-30)是通过对两幅图像视差的计算,直接对前方景物(图像所拍摄到的范围)进行距离测量,而无须判断前方出现的是什么类型的障碍物。依靠两个平行布置的摄像头产生的视差,找到同一个物体所有的点,依赖精确的三角测距,就能够算出摄像头与前方障碍物的距离,实现更高的识别精度和更远的探测范围。使用这种方案,需要两个摄像头有较高的同步率和采样率,因此技术难点在于双目标定及双目定位。相比单目摄像头,双目摄像头没有识别率的限制,无须先识别,可直接进行测量,直接利用视差计算距离精度更高,无须维护样本数据库。但因为检测原理上的差异,双目视觉方案在距离测算上相比于单目,其硬件成本和计算量级都大幅增加。

图 3-29 单目摄像头

图 3-30 双目摄像头

3. 三目摄像头

三目摄像头,如图 3-31 所示,三目摄像头感知范围更大,但同时标定三个摄像头,工作量较大。

4. 环视摄像头

环视摄像头,如图 3-32 所示,一般至少要包括四个摄像头,实现 360°环境感知。

图 3-31 三目摄像头

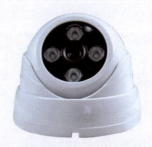

图 3-32 环视摄像头

摄像头分为红外摄像头和普通摄像头。红外摄像头既适合于白天工作,也适合于夜间工作。普通摄像头只适合于白天工作,不适合黑夜工作。目前车辆上使用的主要是红外摄像头。

四、视觉传感器的功能

视觉传感器具有车道线识别、障碍物检测、交通标志和地面标志识别、交通信号灯识别、可行空间检测等功能。

1. 车道线识别

如图 3-33 所示,车道线是视觉传感器能够感知的最基本信息,拥有车道线识别功能,即可实现高速公路的车道保持功能。

图 3-33　车道线识别

2. 障碍物检测

如图 3-34 所示,障碍物种类很多,如汽车、行人、自行车、动物、建筑物等,有了障碍物信息,无人驾驶汽车即可完成车道内的跟车行驶。

3. 交通标志和地面标志识别

如图 3-35 所示,交通标志和地面标志可作为道路特征与高精度地图匹配后辅助定位,也可以基于这些感知结果进行地图的更新。

图 3-34　障碍物检测

图 3-35　交通标志与地面标志

4. 交通信号灯识别

如图 3-36 所示,交通信号灯状态的感知能力对于城区行驶的无人驾驶汽车十分重要。

5. 可通行空间检测

如图 3-37 所示，可通行空间表示无人驾驶汽车可以正常行驶的区域。

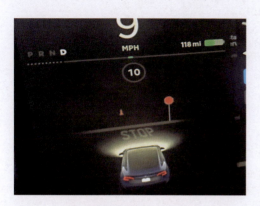

图 3-36　交通信号灯识别

图 3-37　可通行空间检测

五、视觉传感器的环境感知流程

视觉传感器环境感知流程，如图 3-38 所示，一般包括图像采集、图像预处理、图像特征提取、图像模式识别、结果传输等，根据具体识别对象和采用的识别方法不同，环境感知流程也会有所不同。

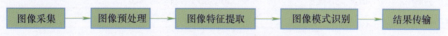

图 3-38　视觉传感器环境感知流程

1. 图像采集

图像采集主要是通过摄像头采集图像，如果是模拟信号，要把模拟信号转换为数字信号，并把数字图像以一定格式表现出来，根据具体研究对象和应用场合，选择性价比高的摄像头。

2. 图像预处理

图像预处理包含的内容较多，有图像压缩、图像增强与复原、图像分割等，要根据具体实际情况进行选择。

3. 图像特征提取

为了完成图像中目标的识别，要在图像分割的基础上，提取需要的特征，并将这些特征计算、测量、分类，以便于计算机根据特征值进行图像分类和识别。

4. 图像模式识别

图像模式识别的方法很多，从图像模式识别提取的特征对象来看，图像识别方法可分为基于形状特征的识别技术、基于色彩特征的识别技术以及基于纹理特征的识别技术等。

5. 结果传输

通过环境感知系统识别的信息，传输到车辆其他控制系统或者传输到车辆周围的其他车辆，完成相应的控制功能。

利用视觉传感器进行道路识别的流程，如图 3-39 所示。

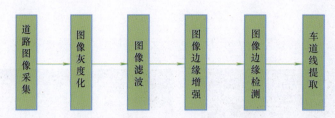

图 3-39 视觉传感器道路识别流程

六、视觉传感器的应用

视觉传感器是智能网联汽车实现众多预警、识别等功能的 ADAS 功能的基础,见表 3-4。

表 3-4 视觉传感器在智能网联汽车上的应用

ADAS	使用摄像头	功能应用
车道偏离预警系统	前视	检测车辆即将偏离车道线时预警
盲区监测系统	侧视	将后视盲区的影像显示在后视镜或驾驶舱内
自动泊车辅助系统	后视	将车尾影像显示在驾驶舱内
全景泊车系统	前视、侧视、后视	将摄像头采集的影像组成周边全景图
驾驶人疲劳预警系统	内置	检测驾驶人是否疲劳、闭眼等发出警告
行人碰撞预警系统	前视	检测车辆与前方行人可能发生碰撞预警
车道保持辅助系统	前视	检测到即将偏离车道线时,发出警告并纠正
交通标志识别系统	前视、后视	识别前方和道路两侧的交通标志
前向碰撞预警系统	前视	检测到与前车距离小于安全距离并预警

根据不同 ADAS 功能的需要,摄像头的安装位置也有不同,主要分为前视、后视、侧视以及内置,如图 3-40 所示。

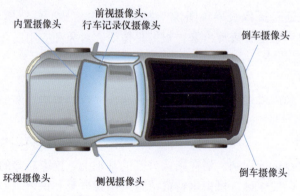

图 3-40 智能网联汽车摄像头安装位置示意图

【项目小结】

本项目主要介绍环境感知系统、激光雷达、毫米波雷达、超声波雷达、视觉传感器的基础概念,介绍各类传感器的种类和原理以及图像处理方法等,通过学习掌握各类传感器的基本原理及应用场景,更好地了解智能网联汽车未来的发展趋势。

项目四
智能网联汽车高精度地图与定位技术

任务一 智能网联汽车的高精度地图及应用

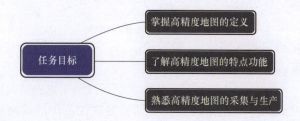

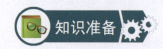

一、高精度地图的基本概念

1. 高精度地图的功能

对于自动驾驶系统，导航系统需要提供更高精度的路径，引导车辆到达目的地，需要将环境中尽可能丰富的信息提供给自动驾驶系统。作为存储静态、准静态交通信息的数据库，为了满足自动驾驶系统的导航、路径规划要求，高精度地图需要提供更精细、精确的交通信息，如图4-1所示。

高精度地图在自动驾驶中，可以作为自动驾驶的记忆系统，不仅可以用于导航、路径规划，还可以为环境感知和理解提供先验知识，辅助车载传感器实现高精度定位。它是L3级及以上自动驾驶不可缺少的关键技术，总的来讲具备以下三种功能。

高精度地图

高精度地图被普遍认为是L3级及以上自动驾驶不可缺少的关键技术。在智能网联汽车应用领域，高精度地图在高精度定位、辅助环境感知、路径规划等环节都发挥着重要作用。

（1）**地图匹配** 高精度地图在地图匹配上更多地依靠其先验信息。传统地图的匹配依赖于 GPS 定位，定位准确性取决于 GPS 的精度、信号强弱以及定位传感器的误差。高精度地图不同于传统地图，如图 4-2 所示。它的适用对象是汽车，为了保证自动驾驶汽车的安全性，地图数据需要保持"高精度、高动态、多维度"等特点，比如维度数据有道路形状、坡度、曲率、航向、横坡角等。通过更高维数的数据结合高效率的匹配算法，高精度地图能够实现更高尺度的定位与匹配。

图 4-1　高精度地图

（2）**辅助环境感知** 高精度地图能够提高自动驾驶车辆数据处理效率，自动驾驶车辆感知重构周围三维场景时，可以利用高精度地图作为先验知识减少数据处理时的搜索范围。在高精度三维地图上标记详细的道路信息，可以为车载感知系统提供有效的辅助识别，可以优化感知系统的计算效率，提高识别精度、减少误识别的发生等。

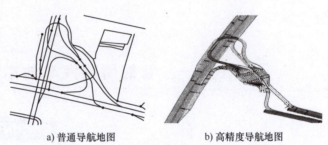

a) 普通导航地图　　　　b) 高精度导航地图

图 4-2　普通导航地图与高精度导航地图

（3）**路径规划** 传统的导航地图的路径规划功能往往基于最短路算法，结合路况为驾驶人给出最快捷/短的路径。但高精度地图的路径规划是为机器服务的。机器无法完成联想、解读等步骤，给出的路径规划必须是机器能够理解的。在这种意义上，传统的特征地图难以胜任，相对而言高精度矢量地图才能够完成这一点。矢量地图是在特征地图的基础之上进一步抽象、处理和标注，抽出路网信息、道路属性信息、道路几何信息以及标识物等抽象信息的地图。它的容量要小于特征地图，并能够通过路网信息完成点到点的精确路径规划，这是高精度地图使能的一大路径。

（4）**辅助高精度定位** 高精度地图可以提供道路中特征物（如标志牌、龙门架等）的形状、尺寸、高精度位置等语义信息，车载传感器在检测到响应特征物时，就可根据检测到的特征物信息去匹配上述语义信息，由车辆与特征物间的相对位置推算出当前车辆的绝对高精度位置信息，如图 4-3 所示。

图 4-3　高精度地图中车辆与物体间相对位置信息

项目四　智能网联汽车高精度地图与定位技术

2. 高精度地图

地图是地理信息空间的载体，它是将客观现实世界中的空间特征以一定的数学法则（即模式化）符号化、抽象化，将空间特征表示为形象符号模型或称为图形数学模型。

高精度地图是指 High Definition Map 即为高分辨率地图。通俗来讲就是精度更高、数据维度更多的电子地图。精度更高体现在精确到厘米级别，数据维度更多体现在其包括了除道路信息之外的与交通相关的周围静态信息。它是适合高度自动驾驶的地图，高精度地图要在自动驾驶环境中实现它的价值，高精度地图有它特有的地图内容。

3. 高精度地图与普通电子地图

普通电子地图是显示给人看的，高精度地图是给车机设备理解的。在传统的导航领域，导航设备主要是给驾驶人员提供引导，为了更好地引导驾驶人，电子地图忽略道路细节，将道路抽象为一条线，用颜色区分道路等级，在路口处用语音和示意图引导。高精度地图主要是给自动驾驶汽车设备理解的，描述了精细的车道标线信息及道路参考线和车道参考线信息，也包含了复杂的车道交换引导参考线。

（1）精度　普通电子地图精度在 10m 左右，商用 GPS 精度为 5m。它由道路网络、显示背景、显示文字、索引及其他数据组成，导航软件将卫星定位位置匹配到道路网络上就能起到导航的作用。高精度地图的精度在厘米级别（Google、Here 等高精度地图精度在 10 ~ 20cm 级别）。这样的精度基本上是一个车道边线的宽度，在 20cm 精度情况下才能保证不会发生侧面碰撞。

（2）数据维度　普通电子地图数据只记录道路级别的数据：道路形状、坡度、曲率、铺设、方向等。高精度地图（精确度厘米级别）不仅增加了车道属性相关（车道线类型、车道宽度等）数据，更有诸如高架物体、防护栏、树、道路边缘类型、路边地标等大量目标数据。高精度地图能够明确区分车道线类型、路边地标等细节。

（3）作用及功能　传统地图起的是辅助驾驶的导航功能，本质上与传统经验化的纸质地图是类似的。而高精度地图通过"高精度＋高动态＋多维度"数据，起的是为自动驾驶提供自变量和目标函数的功能。高精度地图相比传统地图有更高的重要性。

（4）使用对象　普通的导航电子地图是面向驾驶人，供驾驶人使用的地图数据，而高精度地图是面向机器的供自动驾驶汽车使用的地图数据。

（5）数据的实时性　高精度地图对数据的实时性要求更高。根据博世在 2007 年提出的定义，无人驾驶时代所需的局部动态地图（Local Dynamic Map）根据更新频率划分，可将所有数据划分为四类：永久静态数据（更新频率约为 1 个月），半永久静态数据（频率为 1h），半动态数据（频率为 1min），动态数据（频率为 1s）。传统导航地图可能只需要前两者，而高精度地图为了应对各类突发状况，保证自动驾驶的安全实现需要更多的半动态数据以及动态数据，这大大提升了对数据实时性的要求。

（6）高精度地图 = 高鲜度 + 高精度 + 高丰富度　不论是动态化，还是精度和丰富度，最终目的都是为了保证自动驾驶的安全与高效率。动态化保证了自动驾驶能够及时地应对突发状况，选择最优的路径行驶；高精度确保了机器自动行驶的可行性，保证了自动驾驶的顺利实现；高丰富度与机器的更多逻辑规则相结合，进一步提升了自动驾驶的安全性。

二、高精度地图的采集与生产

1. 高精度地图的采集

高精度地图与传统地图相比,具有不同的采集原理和数据存储结构。传统地图依赖于拓扑结构和传统的数据库,将各种元素作为对象堆放在地图上,将道路存储为路径。高精度地图,为了提高存储效率和机器可读性,地图在存储时分为矢量层和对象层。

以某一厂商高精度地图为例,如图 4-4 所示。该高精度地图基于的是国际通用 Open Drive 规范,并做了一定的修改。一个 Open Drive 节点背后,是一个 Header 节点、Roader 节点与 Junction 节点,每个类型的节点背后还有各自的细分。而道路线、道路连接处、道路对象都从属于 Roader 节点下。Junction 节点下,有着较为复杂的数据处理方式:通过 Connection road 将不同的两条道路连接起来,从而实现路口的数据呈现。介于路口的类型种类复杂,Junction 也常常需要多种连接逻辑。Open Drive 为高精度地图提供了矢量式的存储方式,相比传统的堆叠式容量更省,在未来的云同步方面拥有优势。

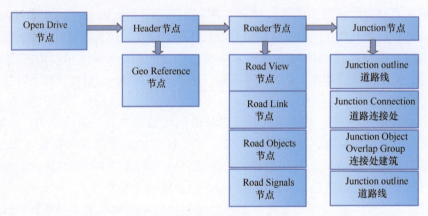

图 4-4 高精度地图矢量数据格式

2. 高精度地图数据采集过程

在高精度地图生产过程中,通过提取车辆上传感器采集的原始数据,获取高精度地图特征值,构成特征地图。在此基础上,进一步提取、处理和标注矢量图形,包括道路网络信息、道路属性信息、道路几何信息和道路上主要标志的抽象信息。高精度地图数据采集过程包括三个环节,如图 4-5 所示。

(1)实地采集 高精度地图制作的第一步,往往通过采集车的实地采集完成。采集的核心设备为激光雷达传感器,通过激光的反射形成环境点云从而完成对环境各对象的识别。

图 4-5 高精度地图数据采集过程

(2)处理 它包括人工处理、深度学习的感知算法(图像识别)等。一般来说,采集的设备越精密,采集的数据越完整,所需要算法去降低的不确定性就越低。而采集的数据越不完整,就越需要算法去弥补数据的缺陷,当然也会有更大的误差。

(3)后续更新 主要针对道路的修改和突发路况。这一方面有较多的处理方式,比如众包、与政府的实时路况处理部门合作等。

3. 高精度地图模型

高精度地图维护道路网络的拓扑结构,将车道信息以及道路周边交通引导、提示、交通通行区域边界等对象信息附着在道路拓扑关系上,以形成高精度地图模型。地图模型的属性包括空间位置属性、形状属性,还有基本的静态属性、可扩展的静态属性、动态属性、实时属性及与动态相关的属性,如图4-6所示,通常完整的高精度地图通过三个层次来完整表达真实道路信息,第一个层次是参考线,它代表我们传统导航地图的道路;第二个层次是车道标线,它代表车道信息;第三个层次是与路网车道相关的对象,如限速标牌等。因此在定义高精度地图数据模型时通常分为道路模型、车道模型、对象模型三大块。

(1)道路模型 如图4-7所示,为了实现和提高路径规划功能,需要将现实世界的道路结构进行抽象,形成以顶点与边组成的拓扑图形结构,图中的边以弧形线段表示,线段中由一系列顺序的点表示线的基本形状走势。在道路拓扑模型中除了要标示出道路走势,还要描述道路的连通关系,这种连通关系通过顶点确定。道路模型除了图形属性还包括车道数量、道路等级、功能属性等。

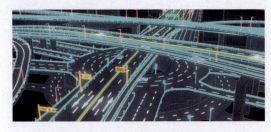

图4-6 高精度地图模型属性

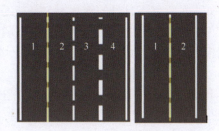

图4-7 道路模型

(2)车道模型 如图4-8所示,车道模型记录了车道的行驶参考线及车道的边线(标线)及停止线等。车道模型还记录了车道与道路拓扑的关系。

(3)对象模型 如图4-9所示,对象模型是记录道路和车道行车空间范围边界区域内要素的,模型属性包括对象的位置、形状及属性值。这些地图要素包括路牙、护栏、立交、隧道、龙门架、交通标牌、可变信息标牌、轮廓标、收费站/杆、交通灯、墙面、箭头、文本、符号、警示区、导流区等。对象模型中的数据通常用于辅助环境感知,并辅助于高精度定位。

图4-8 车道模型

图4-9 对象模型

三、高精度地图的应用

1. 高精度地图在自动驾驶中的作用

高精度地图数据中提供道路甚至车道的曲率值,当车辆转弯时可以根据曲率进行提前减速，控制传感器甚至前照灯转向辅助。高精度地图也提供隧道等详细信息，车辆在进入前可以提前开启前照灯或调整传感器感光参数。高精度地图提供了坡度，能够辅助车辆控制加速踏板节省能源。高精度地图提供了各种交通标志和提示信息标牌的精确位置及形状能够辅助车辆进行高精度定位。高精度地图的限速信息精确到车道，能够为车辆提供精准的限速信息，智能网联汽车用以精准控制执行器操作。车辆可以根据高精度地图进行自主变道。高精度地图还能为车辆提供各种危险区域，车辆可以提前做出应急方案。以上所列仅仅是高精度地图很少一部分跟智能网联汽车相关的属性，高精度地图的充分运用可以助力智能网联汽车获取各方面的先验传感参数，为自动驾驶提供诸多数值化的决策依据。

2. 高精度地图在自动驾驶分级中的地位

高精度地图主要服务于自动驾驶汽车，自动驾驶汽车的传感器像是汽车的"感觉器官"，高精度地图像是汽车的"长周期记忆"，经过传感器实时采集的数据与高精度地图融合后重建的三维场景像是汽车的"工作记忆"，汽车利用融合后的数据进行决策。如果自动驾驶汽车没有高精度地图，它就像是一个失忆的人。

如果车辆仅靠自身的传感器与高精度地图来构建"工作记忆"，这仍然是一个个信息孤岛，无法协同。因此，需要引入智能网联汽车的超级大脑——地图云中心。地图云中心接收车辆报告的"工作记忆"与"长周期记忆"的变化，根据变化融合成新的地图信息，并将信息分发共享给其他车辆。

高精度地图对于L4、L5级别的智能网联驾驶是必选项，对于L3是可选项（对应ADAS地图是必选），对于L2、L1基本不需要；智能网联汽车的自动化、智能化程度越高，对高精度地图的依赖越大。

3. 高精度地图的先验感知特征

高精度地图能够辅助汽车超视距感知，当车辆道路环境被其他物体遮挡，或者转弯，或者超出汽车电子设备感知范围时，高精度地图能够帮助车辆对行进方向进行环境的感知。

高精度地图能够辅助车辆快速识别道路环境周边固定物体及车道标线。高精度地图能够提高自动驾驶车辆数据处理效率，自动驾驶车辆感知重构周围三维场景时，可以利用高精度地图作为先验知识减小数据处理时的搜索范围。

辅助感知高精度地图提供有车道标线、地面箭头、符号、文字以及路边护栏、路沿、电话亭、标志标牌等信息，自动驾驶车辆可以根据当前位置在高精度地图中快速检索出周边的上述信息，形成基础已知固定环境，同时通过各类传感器的实际探测比对最终得到准确的固定环境感知。

4. 高精度地图基础上的高精度定位

高精度地图能够辅助车辆进行高精度定位。高精度地图包含了丰富的对象数据，汽车通过传感器对道路周边进行感知，提取出道路周边的要素并与地图中对象进行匹配，地图中的对象拥有精确的位置和形状信息，通过车辆与要素间的距离修正车辆GPS定位的位置。其辅助高精度定位原理与GPS定位相似。车辆只要识别出至少三个要素，就可以通过车辆与三个要素的距离画球面，三个球面相交点就是车辆所在可能位置，再通过GPS定位信息确定最终位置。

具体的辅助高精度定位原理是：GPS是自动驾驶必备的位置传感器，但是在无基站差分的场景下的定位精度通常都是米级，在城市工况下，由于建筑遮挡精度更差，这样的精度是

项目四 智能网联汽车高精度地图与定位技术

无法满足自动驾驶需求的。而高精度地图的引入使得基于 GPS 获取高精度位置成为可能。

通过基于高精度地图的辅助感知，自动驾驶车辆能准确知道周边的物体（对象）的高精度位置坐标，同时通过传感器得到车辆与周边物体的相对距离，自动驾驶车辆即可基于探测到的物体（对象）高精度坐标和相对距离反算出车辆的高精度位置坐标，从而实现对自身位置的持续修正。

5. 高精度地图对自动驾驶规划的作用

高精度地图能够辅助车辆进行车道级动态路径规划，车辆在拥有高精度定位功能前提下，在无外部环境干扰的情况下可以根据高精度地图的车道参考线前进到达目的地。由于现实中道路环境存在各种干扰情况，包括其他车辆、行人等，因此车辆需要更复杂的传感器进行感知决策。

> ● 小知识
>
> 具体在车道级规划中的作用：高精度地图提供有车道中心线以及车道中心线联通关系，自动驾驶车辆可以在这个数据基础上结合当前位置及前进方向进行有限范围（如10km 范围内）准确实时的车道级路径规划，规划结果用于辅助决策单元生成控制指令。
>
> 具体在辅助决策中的作用：基于高精度地图的车道级动态路径规划及辅助感知成果最终都将作为参考信息提供给决策单元，决策单元在已知固定环境、已知线路和动态目标的基础上通过算法生成控制指令。

6. 高精度地图在 V2X 中的作用

V2X 是智能网联汽车在网联化方面的基础。在 V2X 环境中，V2X 系统与高精度地图分工合作，通过路侧基础设施（信号灯、标识牌等路侧单元）与车辆进行通信，车辆能够直接获取道路基础环境信息，并能够利用基础设施进行高精度定位。高精度地图主要用于车道规划和辅助对不能发射信号的基础设施的感知，如路肩、隔离带等。

高精度地图云中心可以通过与基础设施中的道路边缘计算网格进行通信，实现信息的收集与分发。道路边缘计算网格与车辆进行实时通信，车辆从道路边缘计算网格获取道路环境信息，并上报车辆传感器识别变化的信息，道路边缘计算网格经过初步处理后将数据发送到高精度地图云中心，云中心综合多方证据信息进行处理，提前预测道路环境变化，并将可能引起道路交通恶化的预测信息发送给边缘计算网格通知车辆，车辆可以提前做出决策。

任务二 智能网联汽车的高精度定位及应用

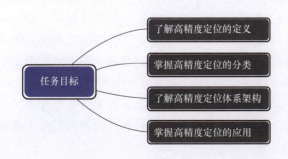

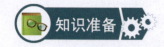

一、高精度定位的定义及分类

1. 高精度定位的定义

在智能网联汽车领域的高精度定位是指在车辆实时运动状态中连续获取车辆高精度位置信息的单一或多种模式混合定位的体系。

由于智能网联汽车无法像人类驾驶人一样能够准确感知障碍物、可行驶区域和交通标志标线等交通环境信息,因此需要全球卫星导航系统、惯性导航系统、高精度地图等将智能网联汽车与周边交通环境有机结合,实现超视距感知,降低车载感知传感器的计算压力。

高精度定位是高精度地图有效应用的重要前提,也是智能驾驶系统自主导航、自动驾驶的重要前提。在车载传感器定位受限情况下,可以为智能驾驶系统提供有效的辅助定位信息。

2. 高精度定位的分类

卫星定位系统是一种使用卫星对目标物进行准确定位的技术,它从最初的定位精度低、不能实时定位、难以提供及时的导航服务,发展到现如今的高精度 GNSS 全球定位系统,实现了在任意时刻、地球上任意一点都可以同时观测到 4 颗卫星,以便实现导航、定位、授时等功能。

(1)全局定位　全局定位(也称为绝对定位)是指通过定位系统直接获取目标在全球坐标系下的位置信息(含三维坐标、速度、方向、时间等全局信息)。单个接收机通常的定位称为单点定位或绝对定位;只利用本接收机的观测量,定位精度较差。差分定位包含两个或两个以上接收机,通过差分校正量提高定位精度。差分定位根据服务区域不同可分为局域差分和广域差分,也可分为地基增强系统和星基增强系统;根据差分修正量的不同,可分为位置差分、伪距差分和载波相位差分。要得到高精度的定位结果,则需要利用载波相位差分定位提高定位精度。定位中常用到的全局定位系统有全球卫星导航系统(GNSS)、实时动态载波相位差分技术(RTK/CORS/VRS)、惯性导航系统(INS)、星基增强系统(SBAS)。

① GNSS。GNSS 即全球卫星导航系统,是对北斗系统、GPS、GLONASS、Galileo 系统等这些单个卫星导航定位系统的统一称谓,也可指代所有这些卫星导航定位系统及其增强型系统的相加混合体。GNSS 是以人造卫星作为导航台的星级无线电导航系统,能为在地球表面或近地空间的任何地点的用户提供全天候的三维坐标和速度以及时间信息。

② RTK/CORS/VRS。RTK 即实时动态载波相位差分技术,是一种卫星导航定位技术,是实时处理两个测量站载波相位观测量的差分方法,接收基准站采集的载波相位,在用户接收机中进行求差及坐标解算。以前的静态、快速静态、动态测量都需要事后进行解算,才能获得厘米级的精度;而 RTK 用于提高基于卫星导航系统的定位精度,它能够实时解算移动站点在指定坐标系的精确位置,达到厘米级的定位效果。在野外实时定位也能够得到厘米级定位精度。它的出现为工程放样、地形测图、各种控制测量带来了新曙光,极大地提高了外业作业移动测量的效率。

随着卫星定位的飞速进步和应用普及，卫星差分定位在城市测量中的作用已越来越重要。当前，连续运行参考站（CORS），已成为 GNSS 应用的发展热点之一。CORS 系统属于地基增强系统，是卫星定位技术、计算机网络技术、数字通信技术等高新科技多方位、深度结晶的产物。CORS 系统由基准站网、数据处理中心、数据传输系统、定位导航数据播发系统、用户应用系统五个部分组成，各基准站与监控分析中心间通过数据传输系统连成一体，形成专用网络，提供国际通用格式的基准站站点坐标和 GNSS 测量数据，以满足各类不同行业用户对高精度定位、快速和实时定位、导航的要求。

VRS 技术，全称为虚拟参考站技术，是由 Herbert Landau 博士提出的理论。VRS 系统是一个集 GNSS 硬件、软件和网络通信技术于一体的新型系统。首先在一定区域内架设一定数量的基准站，基站接收卫星信号，然后将信息传送至信息处理中心，用户移动站（如车辆）先将接收机的位置信息发送到数据处理中心，数据处理中心会根据移动站的位置，选择附近几个位置比较好的基准站信息，"虚拟"出一个参考站，然后，将虚拟出的参考站改正数据播发给该移动站，这个虚拟参考站的位置通常是在移动站周围 5000m 范围内，但是实际情况中，一般是几米之内，通过这项技术所获得的差分数据误差就减小了很多，进而对移动端的定位精度提高也起到了增强作用。

③ INS/Odometry。INS 即惯性导航系统，有时也简称为惯性系统或惯性导航，它是航位推测系统的一种。惯性导航系统的工作机理是建立在牛顿经典力学的基础上的。牛顿定律告诉人们：一个物体如果没有外力作用，将保持静止或匀速直线运动；而且，物体的加速度正比于作用在物体上的外力。如果能够测量得到加速度，那么通过加速度对时间的连续数学积分就可计算得到物体的速度和位置的变化。在 GNSS 信号受到阻挡、干扰等造成接收机不能实现定位的情况下，惯性导航系统能够持续提供定位结果，弥补 GNSS 定位的不足，提高定位精度和有效率。Odometry 是传统车辆轮式里程计发展而来的一种里程传感器，一般用来与惯性导航系统配合，对惯性导航系统的累积误差进行修正，也对定位结果进行里程核实。

④ SBAS。SBAS 即星基增强系统，通过地球静止轨道（GEO）卫星搭载卫星导航增强信号转发器，可以向用户播发星历误差、卫星钟差、电离层延迟等多种修正信息，实现对于原有卫星导航系统定位精度的改进，扩大差分服务范围，从而成为各航天大国竞相发展的手段。目前，全球已经建立起了多个 SBAS 系统，如美国的 WAAS、俄罗斯的 SDCM、欧洲的 EGNOS、日本的 MSAS 以及印度的 GAGAN。中国也在 2015 年 6 月 15 日发布了国内首个广域差分星基增强系统"中国精度"，国际命名为 Atlas。

差分全球导航定位系统介绍

上述 SBAS 系统的工作原理大致相同。由大量分布极广的差分站对导航卫星进行监测，获得原始观测量并送至中央处理设施，后者通过计算得到各卫星的各种定位修正信息，通过上行注入站发给 GEO 卫星，最后将修正信息播发给广大用户，从而达到提高定位精度的目的。

（2）局部定位　局部定位（也称相对定位）是指在智能网联汽车运行的局部环境中，通过对周边环境中特殊物体的图像识别或特征匹配，与事先保存的地图信息进行比对获得环境物体和自车的局部相对位置；或者通过传感器探测周边静态物体、运动目标的相对距离和相对角度及相对速度等信息，解算出自车与动态静态目标物之间的相对位置。局部定位最终可以还原出全局位置信息。

1）图像识别匹配。高精度视觉定位包括图像获取、图像识别、图像匹配和测距四个部分。具体过程如下。

首先，利用专业相机获取包含特定目标（路牌、路牌箭头）的视频图片。通过深度学习来识别图片中的目标信息，如对识别到的目标进行分类以及通过检测算法得到目标在图片中的位置坐标；其次，结合自车周围的地图信息（车周边路牌、路面箭头的经纬度、目标类别和形状等），通过算法将地图信息从三维坐标系（世界坐标系）转换到二维坐标系（图像坐标）；最后，根据目标检测获取到的坐标和转换得到的坐标以及目标类别进行匹配。匹配成功后利用算法得到目标与自动驾驶车的横向和纵向距离，结合目标的位置反算出自车的位置。自动驾驶中典型的基于图像识别的定位流程如图4-10所示。

2）道路特征识别。道路特征识别通过视觉手段（图像、激光雷达传感器、毫米波雷达传感器等一种或多种传感器融合形式）检测路面上的车道线等高精度地图对象，或者道路沿目标如路牌、建筑物等，通过一定算法形成道路特征指纹库，回传到云中心，不断积累、融合，形成可供智能网联汽车在运行时调用比对的高精度特征指纹大数据库。其原理和上述图像识别匹配类似，可作为辅助手段用来定位。

目前，比较成熟的几种道路特征定位模式，都是采用基础高精度地图加道路特征库的模式，如 Mobileye REM、TomTom RoadDNA、Bosch Road Signature（BRS）。

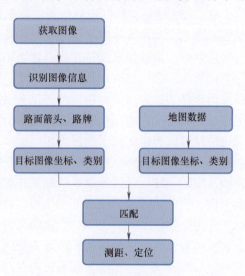

图4-10 自动驾驶中典型的基于图像识别的定位流程

二、高精度定位体系架构

网络 RTK 也称基准站 RTK，是近年来在常规 RTK 和差分 GPS 的基础上建立起来的一种新技术，目前尚处于试验、发展阶段。通常把在一个区域内建立多个（一般为三个或三个以上）GNSS 参考站，对该区域构成网状覆盖，并以这些基准站中的一个或多个为基准计算和播发 GNSS 改正信息，从而对该地区内的 GNSS 用户进行实时改正的定位方式称为 GNSS 网络 RTK。

1. 整体架构

网络 RTK 是由差分基准站网、运营中心和接收机组成的。它的基本原理是在一个较大的区域内稀疏地、较均匀地布设多个基准站，构成一个基准站网；那么我们就能借鉴广域差分 GNSS 和具有多个基准站的局域差分 GNSS 中的基本原理和方法来设法消除或削弱各种系统误差的影响，获得高精度的定位结果。

2. 差分站

差分基准站上应配备全频点 GNSS 接收机，该接收机应能同时提供精确的双频伪距观测值。差分基准站的站坐标应精确已知，其坐标可采用长时间 GNSS 静态相对定位等方法来确定。此外，这些站还应配备数据通信设备及气象仪器等。差分基准站应按规定的采样率进行

项目四 智能网联汽车高精度地图与定位技术

连续观测,并通过数据通信链实时将观测资料传送给数据处理中心。

3. 运营中心

运营中心根据接收终端送来的近似坐标(可据伪距法单点定位求得)判断出该站位于由哪三个差分基准站所组成的三角形内。然后根据这三个差分基准站的观测资料求出接收终端所处位置的系统误差,并播发给接收终端来进行修正以获得精确的结果。在必要时可将上述过程迭代一次。差分基准站与运营中心间的数据通信可采用数字数据网 DON 或无线通信等方法进行。接收终端和运营中心间的双向数据通信则可通过电信网络等方式进行通信。

4. 接收终端

接收终端不仅通过数据链接收来自运营中心的数据,还要采集 GNSS 观测数据,并在系统内组成差分观测值进行实时处理,同时给出厘米级定位结果。接收终端可处于静止状态,也可处于运动状态,可在固定点上先进行初始化后再进入动态作业,也可在动态条件下直接开机,并在动态环境下完成整周模糊度的搜索求解。在整周未知数解固定后,即可进行每个历元的实时处理,只要能保持四颗以上卫星相位观测值的跟踪和必要的几何图形,则接收终端可随时给出厘米级定位结果。

三、全局独立实时高精度定位的作用

与高精度地图一样,高精度定位对自动驾驶也尤为重要。美行科技智能网联事业部总监胡晨曦表示,定位技术是自动驾驶的关键核心。因此,智能网联汽车对全局独立实时高精度定位的需求是必不可少的。

1)基于卫星及地面差分增强网络的高精度定位能力,仅靠卫星和差分即能实现。星基差分是指不依赖于视觉、激光雷达及毫米波雷达等传统传感器,只靠卫星和差分(有可能加入民用惯导)就能实时获取自车高精度位置的能力,且精度一般在 2~10cm,对于单车智能和网联驾驶都是必备的基础能力。

2)自动驾驶中路径规划等都需要高精度定位。自动驾驶在切换至自动驾驶状态前的路径规划需要独立的高精度定位。自动驾驶车辆在结构化道路(车道)上运行时也需要高精度定位(瞬时规划、决策控制),来完成自动驾驶。在非结构化道路上自动驾驶一刻也离不开高精度定位。

3)高精度定位通常融合双目视觉和 IMU 系统来实现。双目用于高精度定位其实有着明显的优势,可以提高计算位置的准确性和可靠性,避免单目摄像头的故障,双目是为了提高计算的准确性,双目和单目区别就是类似人的眼睛,人的双眼和单眼,如果使用两个眼睛去估测前面物体的距离,肯定比单眼更为准确。高精度 IMU 可作纯惯性导航,近来也用于自动驾驶高精度导航、定位应用。IMU 的缺点是累积误差,因此需要校正。通常误差越小的 IMU,所使用的惯导系统也越精密,价格也越昂贵。

四、智能网联汽车高精度定位的应用

智能网联汽车,尤其是在 L4、L5 级的体系中,对实时动态高精度定位能力的需要是刚性的、不可或缺的,定位精度一般要求达到厘米级,实时性要求 100Hz 以上,系统可用性要求达到 99.99999% 的级别。

车载导航定位系统组成
 GPS 系统的组成
 IMU 传感器简介

（1）高精度定位在自动驾驶路径规划中的作用　自动驾驶的路径规划是继环境感知识别之后，决策和执行环节需要频繁迭代调用的核心功能；而高精度定位为路径规划提供了起止点的精确位置，是路径对话的必要前提。尤其是车道级的路径规划、避障规划、可行驶区域迭代、执行过程中的规划补偿等关键环节，无一不需要高精度定位能力的随时可用。

（2）高精度定位在自动驾驶决策控制中的作用　高精度定位不仅仅在环境感知和规划环境需要用到，在自动驾驶的决策控制环节同样也需要在更精细的维度上频繁迭代调用，以适应自动驾驶自车和环境的动态变化。

（3）V2X 中的实时位置信息广播　自动驾驶汽车在单车足够智能化的前提下，为了适应整个交通体系的智能化，需要同时朝网联化方向发展。V2X 是智能网联汽车不可或缺的技术。高精度定位信息是 V2X 上最频繁不间断传输的基础信息，构成了 V2X 上运转的众多行驶信息的基础平台。

（4）即时定位与地图构建 SLAM 技术　在新一代的智能汽车感知决策技术中，从机器人技术中发展而来的 SLAM 将是最有前景的新技术之一。而基于多种传感器及其融合的高精度定位技术，是智能汽车 SLAM 的基石。全局实时动态的高精度定位能力是自动驾驶的必备能力，这已成为业界共识。基于 GNSS 系统，结合地基增强系统、传感器融合技术，以达成高精度定位能力，这个模式已成为高精度定位解决方案的首选。

【项目小结】

本项目主要讲解智能网联汽车高精度地图的基础概念、高精度地图的应用以及高精度定位系统的基础概念，通过学习能够掌握高精度地图与定位的应用，很好地了解智能网联汽车高精度地图与定位技术的未来发展。

项目五
智能网联汽车智能决策技术

任务一 智能网联汽车智能决策技术的认知

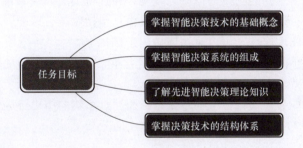

一、智能决策技术

1. 智能决策的定义

智能网联汽车是集感知、决策和控制等功能于一体的自主交通工具,其中,智能决策是依据感知信息来进行决策判断,确定适当工作模型,制订相应控制策略,替代人类驾驶人做出驾驶决策。这部分的功能类似于给智能网联汽车下达相应的任务:一方面要进行预测,例如在车道保持、车道偏离预警、车距保持、障碍物警告等系统中,需要预测本车及相遇的其他车辆、车道、行人等在未来一段时间内的状态;另一方面要进行规划,对于周围的车辆或其他障碍物,智能网联汽车需要在给定的约束条件下,规划出一条可以走的路线。在一套完整的自动驾驶系统中,如果将环境感知模块比做人的眼睛,那么智能决策模块就是自动驾驶的大脑。智能决策技术的功能如图5-1所示。

63

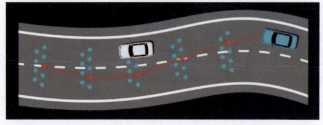

图5-1　智能决策技术在智能网联汽车上的应用　　　　　　　智能决策技术演示

2. 智能决策系统的组成

传统意义上自动驾驶系统的决策控制软件系统包含环境预测、行为决策、动作规划、路径规划等功能模块。

（1）环境预测模块　环境预测模块作为决策规划控制模块的直接数据上游之一，其主要作用是对感知层所识别到的物体进行行为预测，并且将预测的结果转化为时间空间维度的轨迹传递给后续模块。通常感知层所输出的物体信息包括位置、速度、方向等物理属性。

利用这些输出的物理属性，可以对物体做出"瞬时预测"。环境预测模块不局限于结合物理规律对物体做出预测，而是可结合物体和周边环境以及积累的历史数据信息，对感知到的物体做出更为"宏观"的行为预测。例如在图5-2中，通过识别行人在人行道的历史行进动作预测出行人可能会在人行道上穿越路口，而通过车辆的历史行进轨迹可判断其会在路口右转。

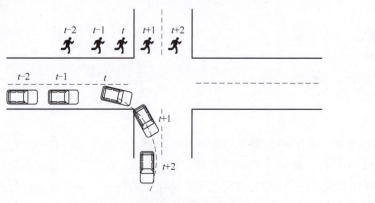

图5-2　环境预测示意图　　　　　　　　　　　　　　　　环境预测

（2）行为决策模块　行为决策模块在整个自动驾驶决策规划控制软件系统中扮演着"副驾驶"的角色。这个层面汇集了所有重要的车辆周边信息，不仅包括了自动驾驶汽车本身的实时位置、速度、方向，还包括车辆周边一定距离以内所有的相关障碍物信息以及预测的轨迹。行为决策层需要解决的问题，就是在知晓这些信息的基础上，决定自动驾驶汽车的行驶策略。

由于需要考虑多种不同类型的信息，行为决策问题往往很难用单一的数学模型来求解，而是要利用一些软件工程的先进理念来设计规则引擎（规则引擎是将业务规则决策从程序代码中分离出来，并使用预定义的语义模块编写业务决策的组件。该组件能实现业务语言建模、业务规则编写、业务规则执行等功能。）系统。例如在 DARPA 挑战赛中，Stanford 的无人车系统利用一系列 cost 设计和有限状态机来设计无人车的轨迹和操控指令。现阶段马尔可夫决策过程的模型也开始被越来越多的应用于自动驾驶系统行为层面的决策算法实现当中。简而言之，行为决策层面需要结合环境预测模块的结果，输出宏观的决策指令供后续的规划模块去更具体地执行。

（3）动作规划模块　自动驾驶汽车规划模块包括动作规划和路径规划两部分。动作规划模块主要是对短期甚至是瞬时的动作进行规划，例如转弯、避障、超车等动作；而路径规划模块是对较长时间内车辆行驶路径的规划，例如从出发地到目的地之间的路线设计或选择。

动作规划

自动驾驶系统的设计思路是建立若干个行驶状态，通过不同的条件触发行驶状态切换。这种设计思路存在切换过程平顺性较差问题。在实际的系统设计过程中主要采用将道路中的真实目标和非真实目标都描述成虚拟质点的方法来强化车辆行驶的平顺性。其中，真实目标主要是指车辆、行人等因素；非真实目标包括限速、红灯、停车点、道路曲率、天气条件等。基于虚拟质点模型方法的优势在于将算法模型统一，有效避免了传统控制算法中因目标或控制模式切换产生的车辆加减速度跳变的问题。

（4）路径规划模块　自动驾驶汽车路径规划模块是指在一定的环境模型基础上，给定自动驾驶汽车起始点和目标点后，按照性能指标规划出一条无碰撞、能安全到达目标点的有效路径。路径规划主要包含两个步骤：建立包含障碍区域与自由区域的环境地图，以及在环境地图中选择合适的路径搜索算法，快速实时地搜索可行驶路径。路径规划结果对车辆行驶起着导航作用，它引导车辆从当前位置行驶到达目标位置。环境地图表示方法主要分为度量地图表示法、拓扑地图表示法等。

导航中的路径规划技术介绍

3. 决策技术的结构体系

决策层是自主驾驶系统智能性的直接体现，对车辆的行驶安全性和整车性能起着决定性作用，以谷歌和斯坦福等为代表的众多企业和高校做出了大量研究。常见的决策体系结构有分层递阶式、反应式以及两者的混合式。

（1）分层递阶式体系结构　分层递阶式体系结构是一个串联系统结构，如图 5-3 所示。在该结构中，智能驾驶系统的各模块之间次序分明，上一个模块的输出即为下一个模块的输入，因此又称为"感知—规划—行动"结构。当给定目标和约束条件后，规划决策就根据即时建立的局部环境模型和已有的全局环境模型决定出下一步的行动，进而依次完成整个任务。

由于该结构对任务进行了自上而下的分解，从而使得每个模块的工作范围逐层缩小，对问题的求解精度也就相应的逐层提高，具备良好的规划推理能力，容易实现高层次的智能控制。但是也存在一些不足。

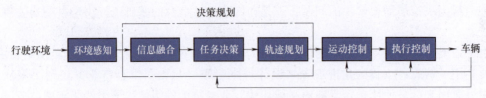

图 5-3　决策规划-分层递阶式体系结构

1）它对全局环境模型的要求比较理想化，全局环境模型的建立是根据地图数据库先验信息和传感器模型的实时构造信息，所以它对传感器提出了很高的要求，与此同时，存在的计算瓶颈问题也不容忽视，从环境感知模块到执行模块，中间存在着延迟，缺乏实时性和灵活性。

2）分层递阶式体系结构的可靠性不高，一旦其中某个模块出现软件或者硬件上的故障，信息流和控制流的传递通道就受到了影响，整个系统很有可能发生崩溃而处于瘫痪状态。

（2）**反应式体系结构**　与分层递阶式体系结构不同，反应式体系采用并联结构，如图 5-4 所示，每个控制层可以直接基于传感器的输入进行决策，因而它所产生的动作是传感器数据直接作用的结果，可突出"感知—动作"的特点，易于适应完全陌生的环境。其中，基于行为的反应式体系结构是反应式体系中最常用的结构。反应式结构最早于 1986 年成功应用于移动机器人。其主要特点是存在着多个并行的控制回路，针对各个局部目标设计对应的基本行为，这些行为通过协调配合后作用于驱动装置，产生有目的的动作，形成各种不同层次的能力。虽然高层次会对低层次产生影响，但是低层次本身具有独立控制系统运动的功能，而不必等高层次处理完毕。

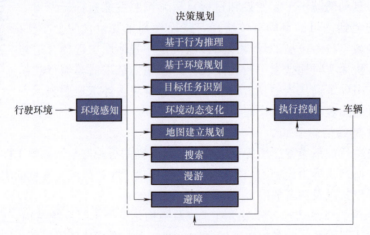

图 5-4　决策规划-反应式体系结构

反应式体系结构中的许多行为主要设计成一个简单的特殊任务，所以感知、规划和控制三者可紧密地集成在一块，占用的存储空间不大，因而可以产生快速的响应，实时性强。同时，每一层只需负责系统的某一个行为，整个系统可以方便灵活地实现低层次到高层次的过渡，而且如若其中一层的模块出现了预料之外的故障，剩下的层次仍能产生有意义的动作，系统的鲁棒性得到了很大的提高。但是设计方面也存在一些难点：由于系统执行动作的灵活性，需要特定的协调机制来解决各个控制回路对同一执行机构争夺控制的冲突，以便得到有意义的结果；除此之外，随着任务复杂程度以及各种行为之间交互作用的增加，预测一个体系整体行为的难度将会增大，缺乏较高等级的智能。

（3）混合式体系结构　分层递阶式体系结构和反应式体系结构各有优劣，都难以单独满足行驶环境复杂多变时的使用需求，所以越来越多的行业人士开始研究混合式体系结构，将两者的优点进行有效的结合，如图5-5所示，在全局规划层次上，生成面向目标定义的分层递阶式行为；在局部规划层次上，生成面向目标搜索的反应式体系的行为分解。

车辆驾驶决策技术是实现自主驾驶的核心，不良驾驶决策将影响车辆自身安全、节能和舒适性，并造成外部交通流效率降低。国内外学者在基于环境信息、车辆状态等方面的车辆智能驾驶决策方法已取得了一些成果，能够在一定程度上满足复杂、动态的实际交通场景。

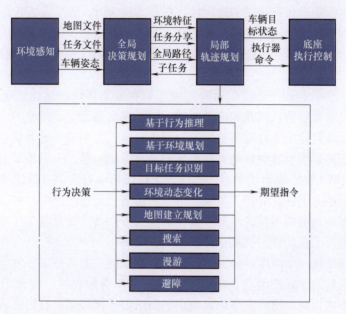

图5-5　基于功能和行为分解的混合式体系结构

4. 先进决策理论简介

先进的决策理论包括基于多准则的决策方法、基于模糊决策的行为方法、强化学习和数据驱动方法、贝叶斯网络方法等。由于人类驾驶过程中所面临的路况与场景多种多样，且不同人对不同情况所做出的驾驶策略应对也有所不同，因此类人的驾驶决策算法的优化需要非常完善高效的人工智能模型以及大量的有效数据。这些数据需要尽可能地覆盖到各种罕见的路况，而这也是驾驶决策发展的最大瓶颈所在。

（1）基于多准则的决策方法　行为决策层结合当前的交通信息决策出合理行为执行全局路径规划产生的命令。在早期研究如DAPRA比赛中，多是针对特定比赛的场景设计出一些行为状态，利用外部事件驱动状态机完成状态转移。这类方法执行效率高，缺点是从问题建模的角度看通用性较差，从决策角度看依赖对外部事件反应时的决策也同真实驾驶行为相差较远，但它的成功应用也为解决行为决策问题提供了一种思路。

层次状态机是针对该问题的一种有效建模方法。上层负责根据行驶场景切换状态，下层根据当前道路、交通等的具体情况做出决策。不仅可以降低状态总维数；还可以减少下层的无效计算，提高整体计算效率。基于多准则的决策方法及其分支多属性决策方法是一种适用于智能车辆进行合理决策的决策模型，该模型所得结果符合交通规则要求，并且可以保证车辆的行驶安全性要求。还可以通过对权重的配置考虑不同驾驶特性下的行为决策。这类方法在建立特性属性时需要明确属性值及其边界值，但道路结构变化以及动态交通本身变化的存在，使得很难确定统一属性值及边界值。并且，这些方法并没有考虑时间对驾驶特性的影响，比如，长时间跟随较慢车辆必然会导致换道意愿的增加。

（2）基于模糊决策的行为决策方法　该方法首先采用层次状态机对行驶决策问题建模，抽象出与行驶场景相关的若干状态构成上层状态机，它的功能是根据当前客观行驶场景及相关交通法规确定当前可行的行驶行为，其状态转移由车辆的姿态、所处位置等与客观行驶场景的相对关系决定。在下层状态机中，用行为位置特性与行为速度特性表达不同的行驶行为，使得方法对多数场景具有普遍的适用性。在行为决策时，除了考虑传统的属性，还引入行驶不满累积度的概念、反应时变的驾驶特性。最后，采用基于模糊理论的隶属度概念对不同的行驶行为做出评价决策，不仅提高算法的适用性，还使行为决策结果符合实际驾驶人的操作。

（3）强化学习和数据驱动方法　自动驾驶车辆在复杂环境中做出最优决策，这一问题与强化学习的定义非常吻合，因此如前文所述，随着深度强化学习技术的快速发展，越来越多的研究团队开始将其应用于自动驾驶决策规划中，将行为决策与运动规划模块相融合，直接学习得到行驶轨迹。为了解决环境奖励函数不易获得的问题，人们还提出了首先利用逆强化学习（IRL）根据人类专家演示学习，然后再使用强化学习来学习最优策略。数据驱动的方法就是通过大量的案例统计分析，得到模型，使得遇到类似问题的时候，不需要过多地考虑，直接套用数据驱动的模型获得结果，数据驱动的方法其实就是基于经验的方法，只不过这些经验是模型通过大量的样本数据学习得到的。

端到端模型是使用一个深度神经网络，直接根据车辆状态和外部环境信息得出车辆的控制信号。尽管目前的端到端模型存在类似"黑箱"的不可解释性，但相信随着人类对深度神经网络理解的不断加深，这一方法因其突出的简洁高效优势而具有很强的发展潜力。

（4）贝叶斯网络方法　20世纪80年代初，Judea Pearl为代表的学术界出现了一种新的思路：从基于规则的系统转变为贝叶斯网络。贝叶斯网络是一个概率推理系统，贝叶斯网络在数据处理方面，针对事件发生的概率以及事件可信度分析上具有良好的分类效果。它具有两个决定性的优势：模块化和透明性。因此，我们可以把深度学习的系统作为一个子模块融入其中，专家系统可以是另一个子模块，也融入其中，这意味着我们有了多重的冗余路径选择，这种冗余构成了贝叶斯网络的子节点，将有效强化输出结果的可靠性，避免一些低级错误的发生。透明性是贝叶斯网络的另一个主要优势。对于自动驾驶而言，这尤为关键，因为你可以对整个决策的过程进行分析，了解出错的哪一个部分。可以说贝叶斯网络是理性决策的极佳实现，适合用于设计整个决策的顶层框架。

二、智能决策技术未来的发展趋势

人工智能机器学习、深度神经网络以及联网通信等技术的发展，进一步丰富了自动驾驶汽车发展的技术路径，也促进了自动驾驶技术由单一的样机演示向具有一定落地应用能力并可实现自主定位的典型交通场景的方向发展。

1. 人工智能

人工智能是研究、开发用于模拟、延伸和扩展人的智能的理论、方法、技术及应用系统的一门新的技术科学。它意在探索智能的实质,并生产出一种新的能以人类智能相似的方式做出反应的智能机器。重要的应用领域就是自动驾驶,主要目标是使智能网联汽车具备一定的自主学习能力,并能对简单交通环境形成记忆性认知,现阶段人工智能技术在智能网联汽车领域的主要应用体现在以下几个方面。

(1) 实现对环境物体的识别与认知 利用多目视觉、激光雷达、毫米波雷达等传感器件及识别算法,可以实现对实际道路环境中多曲面物体的准确识别。同时融入深度学习技术后,可对各物体三维空间尺寸及特征信息形成迭代分类,从而使自动驾驶汽车具有对多种类环境物体的识别与认知能力。

(2) 实现对可行驶区域的检测 利用基于先进传感器的地图采集技术可以提取道路的详细标注(标志、标线、信号灯等)和高精度位置(经度、纬度、高度等)等信息,从而实现自动驾驶汽车对道路平面特征的提取,同时基于深度学习可实现对道路可行驶、不可行驶区域的认知识别。

(3) 实现行驶路径的规划与决策 决策规划处理是人工智能技术在自动驾驶中的另一个重要应用场景。现阶段主流的人工智能方法包括状态机、决策树、贝叶斯网络等。伴随着深度学习与增强学习技术的发展,现已实现了对复杂工况的决策并能进行在线优化学习。由于在实际道路中影响驾驶路径规划的因素非常多,势必会占用较多的计算资源。为提高计算效率,日本研究学者提出了"安全场"的研究思路,即形成典型交通场景作为深度学习神经网络的输入,以提高自动驾驶汽车的决策效率,提升路径规划能力,如图5-6所示。

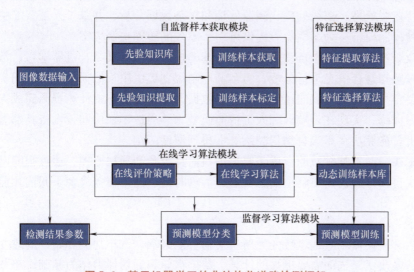

图5-6 基于机器学习的非结构化道路检测框架

自动驾驶仿真
平台介绍

2. 智能网联

结合通信技术的发展,运用车与车、车与路、车与人、车与云之间的实时通信技术,可为人工智能技术在自动驾驶技术应用过程中的数据、计算与算法等三大要素提供进一步支持,还可面向多车型、多场景智能驾驶需求,提供解决群体智能驾驶系统协同驾驶所面临的问题。基于智能网联的车云协同自动驾驶系统的具体架构如图5-7所示。

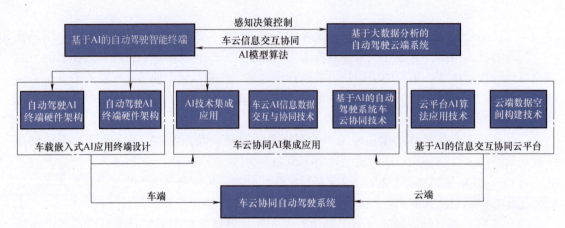

图 5-7 基于人工智能网联的车云协同自动驾驶系统构建方案示意图

该架构方案分为基于 AI 的自动驾驶智能终端和基于大数据分析的自动驾驶云端系统两部分,共同形成了一种集复杂环境精确感知、通行智慧决策与行车控制优化执行的车云协同一体自动驾驶系统。车云协同技术在不同的行车工况与应用场景中,可实现精准的行车环境感知、智慧通行决策与优化行车动作控制,并实现车端与云端之间的信息数据交互与协同。

车路协同辅助智能决策

基于智能网联的自动驾驶系统车云协同技术主要解决多源异构数据融合不足和前端设备计算力不够的问题,即将车身传感器节点的采样数据(如 GPS/INS 数据、毫米波雷达数据)和多媒体数据(如摄像头图像)按一定频率传输到云端数据库,同时进行在线处理、离线处理、溯源处理和复杂数据分析,并基于人工智能集成应用算法的智能驾驶控制模型,为车辆决策提供可靠、高效的协同控制方案。

人工智能算法应用技术云平台是自动驾驶云端系统的核心部分,其结合机器学习、数据挖掘等相关技术,对感知融合信息进行分析,为车辆控制规划提供决策依据。同时利用虚拟化技术及网络技术整合大规模可扩展的计算、存储、数据、应用等分布式计算资源完成人工智能模型算法的学习训练,实现在云端训练人工智能模型,并通过车云协同技术将其部署到嵌入式平台,使人工智能算法在车端自动驾驶系统上得到深度应用。

目前,网联技术在自动驾驶领域的应用主要集中在信息服务和顶层监控,通过智能网联的技术路线实现高度自动驾驶仍需要解决信息安全、传输时延、网络覆盖等棘手问题才能真正落地应用。

3. 智能计算平台

自动驾驶汽车从交通运输工具逐步转变为新型移动智能终端。汽车功能和属性的改变导致其电子电气架构随之改变,进而需要更强的计算、数据存储和通信能力作为基础,车载智能计算平台是满足上述要求的重要解决方案。

车载智能计算平台主要完成的功能是以环境感知数据、导航定位信息、车辆实时数据、云端智能计算平台数据和其他 V2X 交互数据等作为输入,基于环境感知定位、智能规划决策和车辆运动控制等核心控制算法,输出驱动、传动、转向和制动等执行控制指令,实现车辆的自动控制,并向云端智能计算平台及 V2X 设备输出数据,还能够通过人机交互界面,实现车辆驾驶信息的人机交互。

任务二 智能网联汽车计算平台的应用

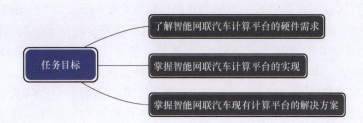

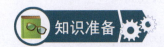

一、智能网联汽车计算平台的硬件需求

如今,打开一辆智能网联汽车的行李舱,都是一堆计算设备,不但没有地方放置行李,而且还要解决它的整个系统稳定性问题。图5-8为福特第二代Fusion自动驾驶原型车行李舱中的计算设备。

当硬件传感器接收到环境信息后,数据会被导入计算平台,由不同的芯片进行运算。计算平台的设计直接影响自动驾驶系统的实时性及鲁棒性。对于自动驾驶这样的复杂任务,在设计软件的同时,还必须考虑与之匹配的硬件效能,这里包括性能、功耗和功能安全。为了保证自动驾驶的实时性要求,我们需要保证软件响应的最大延迟在可接受的范围内,对于计算资源的要求也因此变得极高,目

图5-8 福特第二代Fusion自动驾驶原型车
行李舱中的计算设备

前,自动驾驶软件的计算量达到了10个TOPS(每秒万亿次操作)的级别,这使得我们不得不重新思考对应的计算架构。事实上,整个数字半导体和计算产业的产业驱动力,正在从手机转向自动驾驶,后者所需要的计算量比手机要大两个数量级。

在乌镇举行的世界互联网大会,记者在实际体验百度的无人车时,提到非常有趣的一点:"这辆无人车平稳地行驶了起来,但位于行李舱的车载计算机噪声较大,可以听到风扇在运行的声音。"为什么呢?因为它使用的是CPU+GPU+FPGA的计算平台,计算所需要的功率非常大,GPU尤其恐怖,如果没有强力风扇来散热的话,夏天很容易烧坏机器。

功能安全是另一个巨大的挑战,这里面其实包含了多个方面的要求:处理器要符合至少ASIL-B等级的要求,可靠性需要能够保证在至少十年的使用期内不出问题。高通在手机领域有非常强的实力,而且向汽车电子进军的努力也从未停止,2018年高通依然决定花370亿美元重金收购了汽车电子企业NXP,这从另一个侧面折射出汽车电子的门槛之高。

二、智能网联汽车计算平台的实现

为了解智能网联汽车计算平台的要点，我们介绍一个行业领先的 L4 级自动驾驶公司现有的计算平台硬件实现，包括现有的不同芯片制造商所提供的无人驾驶计算解决方案。这个 L4 级无人驾驶公司的计算平台由两个计算盒组成。每个计算盒配备了一颗英特尔至强 E5 处理器（12 核）和 4 到 8 颗 NVIDIA K80GPU 加速器，彼此使用 PCE 总线连接。CPU 运算峰值速度可达 400f/s，功率需求 400W。每个 GPU 运算峰值速度可达 8TOPS，功率需求 300W。因此，整个系统能够提供 64.5TOPS 的峰值运算能力，其功率需求为 3000W。计算盒与车辆上安装的 12 个高精度摄像头相连接，以完成实时的物体检测和目标跟踪任务。车辆顶部还安装了一个激光雷达传感器装置以完成车辆定位及避障功能。为了保证可靠性，两个计算盒执行完全相同的任务。一旦第一个计算盒失效，第二个计算盒可以立即接管。在最坏的情况下，两个计算盒都在计算峰值运行，这意味着将产生超过 5000W 的功耗并积聚大量的热量，散热问题不容忽视。此外，每个计算盒的成本预计为 2 万 ~ 3 万美元，这是普通消费者根本无法承受的。

三、现有计算平台的解决方案

回顾计算机的发展历史，20 世纪 50 年代是大型机的时代，那个时候一台大型机可以占据实验楼的一整个楼层，需要一个庞大的团队来操作，价格高到数百万美元；20 世纪 70 年代小型机占据主导，小型机可以安装进一个房间，价格也降到数万美元；20 世纪 80 年代是 PC 时代，可以摆放到桌面，价格又降低了一个数量级，如今是手机，可以装进口袋。贯穿其中的是三个主要方面的进步：体积、功耗和成本。人工智能所需要的处理器，从 2012 年开始业界已经开始广为关注，比如从 GPU 到 FPGA，再到 TPU，业界也将沿着之前计算机走过的路，重构人工智能所需要的处理器。目前，现有的针对无人驾驶的计算平台解决方案有以下几种。

1. 基于 GPU 的解决方案

GPU 在浮点运算、并行计算等部分的计算方面能够提供数十倍至上百倍的 CPU 性能。利用 GPU 运行机器学习模型，在云端进行分类和检测，其相对于 CPU 耗费的时间大幅缩短，占用的数据中心的基础设施更少，能够支持（比单纯使用 CPU 时）10 ~ 100 的应用吞吐量。凭借强大的计算能力，在机器学习快速发展的推动下，目前 GPU 在深度学习芯片市场非常受欢迎，很多汽车生产商也在使用 GPU 作为传感器芯片发展无人车，GPU 大有成为主流的趋势。研究公司 Tractica LLC 预计，到 2024 年，深度学习项目在 GPU 上的花费将从 2015 年的 4360 万美元增长到 41 亿美元，在相关软件上的花费将从 1.09 亿美元增长到 104 亿美元。

凭借具备识别、标记功能的图像处理器，在人工智能还未全面兴起之前，NVIDIA 就先一步掌控了这一时机。2019 年，NVIDIA 发布了 DRIVE AGX 系列计算平台，针对无人驾驶作业进行加速。NVIDIA DRIVE AGX Xavier 在 30W 的功耗下可以提供 30TOP/s 的计算性能。

DRIVE AGX 其实是 NVIDIA PX2 平台的延续。在第一代 PX2 平台中，每个 PX2 由两个 Tegra SoC 和两个 Pascal GPU 图形处理器组成，其中每个图像处理器都有自己的专用内存并配备有专用的指令以完成深度神经网络的加速。为了提供高吞吐量，每个 Tegra SoC 使用

PCI-E Gen 2×4 总线与 Pascal GPU 直接相连，其总带宽为 4GB/s。此外，两个 CPU-GPU 集群通过千兆以太网相连，数据传输速度可达 70Gbit/s。借助于优化的 I/O 架构与深度神经网络的硬件加速，每个 PX2 能够每秒执行 24 兆次深度学习计算。这意味着当运行 AlexNet 深度学习典型应用时，PX2 的处理能力可达 2800 帧/s。NVIDIA PX2 平台芯片如图 5-9 所示。

图 5-9　NVIDIA PX2 平台芯片示意图

NVIDIA 芯片介绍

2. 基于 DSP 的解决方案

DSP 以数字信号处理大量数据。DSP 的数据总线和地址总线分开，允许取出指令和执行指令完全重叠，在执行上一条指令的同时就可取出下一条指令，并进行译码，这大大提高了微处理器的速度。另外，还允许在程序空间和数据空间之间进行传输，因此增加了器件的灵活性。它不仅具有可编程性，而且其实时运行速度可达每秒数以千万条复杂指令程序，远远超过通用微处理器。它的强大数据处理能力和高运行速度是最值得称道的两大特色。它的运算能力很强，速度很快，体积很小，而且采用软件编程，具有高度的灵活性，因此为从事各种复杂的应用提供了一条有效途径。

德州仪器（Texas Instruments，简称 TI）提供了一种基于 DSP 的无人驾驶的解决方案。其 TDA2x SoC 芯片，如图 5-10 所示，拥有两个浮点 DSP 内核 C66x 和四个专为视觉处理设计的完全可编程的视觉加速器。相比 ARM Cortex-15 处理器，视觉加速器可提供八倍的视觉处理加速且功耗更低。类似设计有 CEVA XM4。这是另一款基于 DSP 的无人驾驶计算解决方案，专门面向计算视觉任务中的视频流分析计算。使用 CEVA XM4 每秒处理 30 帧 1080p 的视频仅消耗功率 0.003W，是一种相对节能的解决方案。

3. 基于 FPGA 的解决方案

作为 GPU 在算法加速上强有力的竞争者，FPGA 硬件配置最灵活，具有低能耗、高性能及可编程等特性，十分适合感知计算。更重要的是，FPGA 相比 GPU 价格便宜（虽然性价比不一定最好）。在能源受限的情况下，FPGA 相对于 CPU 与 GPU 有明显的性能与能耗优势。

FPGA 低能耗的特点很适合用于传感器的数据预处理工作。此外，感知算法不断发展意味着感知处理器需要不断更新，FPGA 具有硬

图 5-10　德州仪器 TDA2x SoC 芯片示意图

件可升级、可迭代的优势。使用 FPGA 需要具有硬件的知识，对许多开发者来说有一定难度，因此 FPGA 也常被视为一种行家专属的架构。不过，现在也出现了用软件平台编程 FPGA 的方法，弱化了软、硬件语言间的障碍，让更多开发者使用 FPGA 成为可能。随着 FPGA 与传感器结合方案的快速普及，视觉、语音、深度学习的算法在 FPGA 上进一步优化，FPGA 极有可能逐渐取代 GPU 与 CPU，成为无人车、机器人等感知领域上的主要芯片。

譬如，百度的机器学习硬件系统就用 FPGA 打造了 AI 专有芯片，制成了 AI 专有芯片版百度大脑——FPGA 版百度大脑。在百度的深度学习应用中，FPGA 与相同性能水平的硬件系统相比，消耗能率更低，将其安装在刀片服务器上，可以完全由主板上的 PCIExpress 总线供电，并且使用 FPGA 可以将一个计算得到的结果直接反馈到下一个，不需要将结果临时保存在主存储器，所以存储带宽要求也相应降低。

Altera 公司的 Cyclone V SoC，如图 5-11 所示，是一个基于 FPGA 的无人驾驶解决方案，现已应用在奥迪无人车产品中。Altera 公司的 FPGA 专为传感器融合提供优化，可结合分析来自多个传感器的数据以完成高度可靠的物体检测。类似的产品有 Zynq 专为无人驾驶设计的 Ultra ScaleMPSoC。当运行卷积神经网络计算任务时，Ultra ScaleMPSoC 运算效能为 14 帧/s/W，优于 NVIDIA Tesla K40 GPU 可达的 4 帧/s/W。同时，在目标跟踪计算方面，Ultra Scale-MPSoC 在 1080p 视频流上的处理能力可达 60fps。

图 5-11　Altera 公司 Cyclone V SoC 芯片示意图

4. 基于 ASIC 的解决方案

Mobileye 是一家基于 ASIC 的无人驾驶解决方案提供商。其 Eyeq5 SoC 装备有四种异构的全编程加速器，分别对专有的算法进行了优化，包括计算机视觉、信号处理和机器学习等。Eyeq5 SoC 同时实现了两个 PCI-E 端口以支持多处理器间通信。这种加速器架构尝试为每一个计算任务适配最合适的计算单元，硬件资源的多样性使应用程序能够节省计算时间并提高计算效能。MobileyeEyeq5 SoC 结构示意图如图 5-12 所示。

此外，Nervana 是人工智能 ASIC 芯片供应商，一直努力将机器学习功能全力引

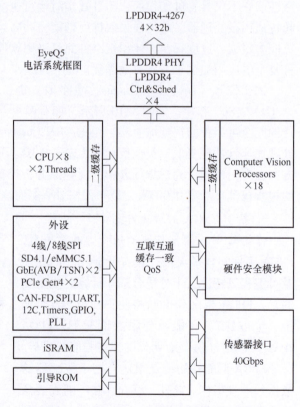

图 5-12　MobileyeEyeq5 SOC 结构示意图

入芯片中。得到英特尔的支持后，Nervana 正计划推出其针对深度学习算法的定制芯片 Nervana Engine。据 Nervana 相关人员表示，相比 GPU，Nervana Engine 在训练方面可以提升 10 倍性能。借助 Nervana Engine 芯片在深度学习训练方面优于传统 GPU 的能耗和性能优势，英特尔也相继推出了一系列适应深度神经网络的特殊处理器。

5. 其他芯片解决方案

谷歌公布了 AlphaGo 战胜李世石的"秘密武器"——芯片"TPU"（张量处理单元），它使得深度神经网络模型在每瓦特性能上优于传统硬件。在 Google 2016 I/O 大会上 TPU 首次被提及，然而谷歌早在 2013 年就开始研发 TPU，并且在 2014 年就已将其应用于谷歌的数据中心。TPU 专为谷歌 TensorFlow 等机器学习应用打造，能够降低运算精度，在相同时间内处理更复杂、更强大的机器学习模型并将其更快地投入使用。其性能把人工智能技术往前推进了差不多 7 年，相当于摩尔定律 3 代的时间。相比更适合训练的 GPU，TPU 更适合做训练后的分析决策。这点在谷歌的官方声明里也得到了印证：TPU 只在特定机器学习应用中起辅助使用，公司将继续使用其他厂商制造的 CPU 和 GPU。因此，TPU 目前还是用于辅助 CPU 和 GPU。谷歌公司 TPU 芯片如图 5-13 所示。

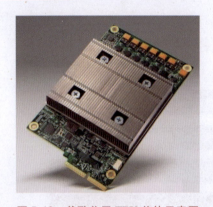　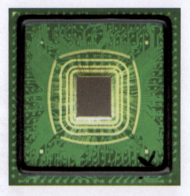

图 5-13　谷歌公司 TPU 芯片示意图　　图 5-14　"SI"概率芯片示意图

2016 年 4 月 16 日，MIT Technology Revie 报道，DARPA 投资了一款由美国 SingularComputing 公司开发的"SI"概率芯片。模拟测试中，使用 SI 追踪视频里的移动物体，每帧处理速度比传统处理器快了近 100 倍，而能耗还不到传统处理器的 2%。专用概率芯片可以发挥概率算法简单并行的特点，极大地提高系统性能。其优点包括算法逻辑非常简单，不需要复杂的数据结构，不需要数值代数计算；计算精度可以通过模拟不同数目的随机行走自如控制；不同的随机行走相互独立，可以大规模并行模拟；模拟过程中，不需要全局信息，只需要网络的局部信息。"SI"概率芯片，如图 5-14 所示。

【项目小结】

本项目主要讲解智能网联汽车上智能决策的定义、决策系统的组成、决策技术的结构体系和智能计算平台，通过学习能够掌握决策系统的组成和智能计算平台的类型，明确各类计算平台解决方案应用的场景及相关的技术要求，很好地了解智能网联汽车智能决策技术的发展及未来。

项目六
智能网联汽车控制执行技术

任务一　智能网联汽车控制执行技术的认知

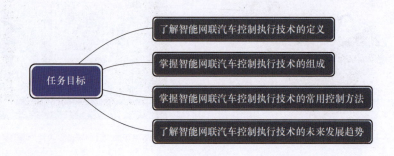

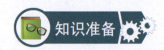

一、控制执行技术

1. 控制执行技术的定义

智能网联汽车的控制执行技术旨在环境感知技术的基础上，根据决策规划的目标轨迹，通过纵向和横向控制系统的配合使汽车能够按照跟踪目标轨迹准确稳定行驶，同时使汽车在行驶过程中能够实现车速调节、车距保持、换道、超车等基本操作。车辆的控制执行技术包括纵向、横向以及垂直方向的运动控制。借助融合驱/制动、转向、悬架的底盘控制技术以及应用移动通信和感知系统的车队协同和车路协同，是实现被控车路的速度、行驶方向与预设的速度曲线、行驶路线保持同步的重要前提条件。

2. 控制执行技术的组成

自动驾驶控制的核心技术是车辆的纵向控制和横向控制技术。纵向控制，即车辆的驱动与制动控制;横向控制,即转向盘角度的调整以及轮胎力的控制。实现了纵向和横向自动控制,就可以按给定目标和约束自动控制车辆运行。所以,从车辆本身来说,自动驾驶就是综合纵向和横向控制。

(1) 车辆纵向控制 车辆纵向控制是在行车速度方向上的控制,即车速以及本车与前后车或障碍物距离的自动控制。自适应巡航控制和紧急制动控制都是典型的自动驾驶纵向控制案例。这类控制问题可归结为对驱动电机、发动机、传动和制动系统的控制。各种电机—发动机—传动模型、汽车运行模型和制动过程模型与不同的控制器算法结合,构成了各种各样的纵向控制模式,典型结构如图6-1所示。

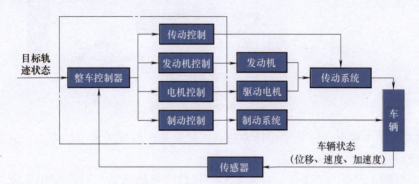

图6-1 纵向控制基本结构

此外,针对轮胎作用力的滑移率控制是纵向稳定控制中的关键部分。滑移率控制系统通过控制车轮滑移率调节车辆的纵向动力学特性来防止车辆发生过度驱动滑移或制动抱死,从而提高车辆的稳定性和操纵性能。防抱死制动系统(ABS),在汽车制动时,自动控制制动器制动力的大小,使车轮不被抱死,处于边滚边滑(滑移率在20%左右)的状态,以保证地面能够给车轮提供最大的制动力。一些智能滑移率控制策略利用充足的环境感知信息设计了随道路环境变化的车轮最优滑移率调节器,从而提升轮胎力作用效果。

智能控制策略,如模糊控制、神经网络控制、滚动时域优化控制等,在纵向控制中也得到了广泛研究和应用,并取得了较好的效果,被认为是最有效的方法。而传统控制的方法,如PID控制和前馈开环控制,一般是建立发动机和汽车运动过程的近似线形模型,在此基础上设计控制器,这种方法实现的控制,由于对模型依赖性大及模型误差较大,所以精度差、适应性差。从目前的论文和研究的项目看,寻求简单而准确的电机—发动机—传动、制动过程和汽车运动模型,以及对随机扰动有鲁棒性和对汽车本身性能变化有适应性的控制器仍是研究的主要内容。

目前,应用的系统如自适应巡航控制、防碰撞控制,都是自主系统,即由车载传感器获取控制所需信息,而往往缺乏对V2X车联网信息的利用。在智能交通环境下,单车可以通过V2X通信信息系统获得更多周边交通流信息以用于控制。在纵向控制方面,可利用本车及周边车辆位置、当前及前方道路情况、前车操纵状态等信息实现预测控制,达到提高速度减小车间距的同时保证安全,即达到安全、高效和节能的目的。

(2) 车辆横向控制 车辆横向控制是指垂直于运动方向上的控制,对于车辆也就是转向控制。目标是控制车辆自动保持期望的行车路线,并在不同的车速、载荷、风阻、路况下有很好的乘坐舒适性和稳定性。

横向控制系统基本结构如图6-2。控制目标一般是车中心与路中心线间的偏移量，同时受舒适性等指标约束。

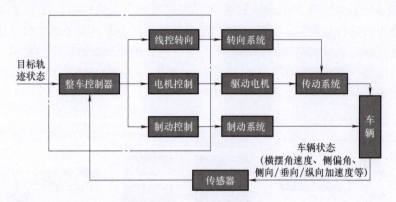

图6-2 横向控制基本结构

车辆横向控制主要有两种基本设计方法：一种是基于驾驶人模拟的方法；另一种是基于车辆横向运动力学模型的方法。

1）基于驾驶人模拟的方法：一种策略是使用较简单的运动力学模型和驾驶人操纵规则设计控制器；另一策略是用驾驶人操纵过程的数据训练控制器获取控制算法。

2）基于车辆横向运动力学模型的方法要建立较精确的汽车横向运动模型，典型模型是所谓得单轨模型，或称为自行车模型，如图6-3所示，也就是认为汽车左右两侧特性相同。

针对低附着路面的极限工况中车辆横摆稳定控制是车辆横向控制中的关键部分。传统操纵稳定性控制思路，如电子稳定性控制系统（ESP）和前轮主动转向系统（AFS）等，控制分布的轮胎作用力和前轮转向通过利用轮胎附着力和降低轮胎利用率来提高车辆稳定性。大多数研究沿袭冗余驱动的控制分配框架，通过改变内外侧轮胎驱/制动力差异的方法，增加单侧驱/制动转矩，并相应减小另一侧驱/制动转矩的方式为整车产生一个附加的横摆转矩来改善车辆转向动态特性，以保证车辆的横摆稳定性和行驶安全性。

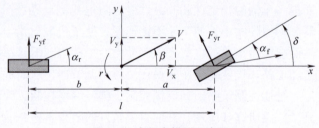

图6-3 自行车模型示意图

电子控制技术和电气化的发展给汽车底盘技术的突破带来了革命性的契机，也使得汽车的整体集成控制成为可能。同时在智能网联的交通环境下，单车可以通过自身环境传感、定位导航和V2X通信信息系统获得更多周边交通流信息以用于横向控制，以利于提前感知道路危险，提高智能驾驶的安全性。

3. 常用控制方法

传统的汽车控制方法主要有PID控制、模糊控制、最优控制、滑模控制等，这些算法应用都较为广泛。相对于传统的控制方法，智能控制方法主要体现在对控制对象模型的运用和综合信息学习运用上，主要有基于模型的控制、神经网络控制和深度学习方法等，目前这些算法已逐步在智能网联汽车控制执行系统中广泛应用。

(1) PID 控制　PID 控制器（比例—积分—微分控制器），由比例单元 P、积分单元 I 和微分单元 D 组成，如图 6-4 所示。通过 K_p、K_i 和 K_d 三个参数的设定。PID 控制器主要适用于基本上线性且动态特性不随时间变化的系统。PID 是以它的三种纠正算法而命名的。这三种算法都是用加法调整被控制的数值，其输入为误差值（设定值减去测量值后的结果）或是由误差值衍生的信号。

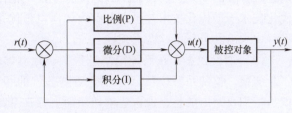

图 6-4　PID 控制系统原理图

(2) 模糊控制　模糊逻辑控制策略（Fuzzy Logic Control Strategy）简称模糊控制（Fuzzy Control），其本质是一种计算机数字控制技术，集成了模糊理论、模糊集合论、模糊语言变量和模糊逻辑推理等，如图 6-5 所示。与经典控制理论相比，模糊逻辑控制策略最大的特点是不需要准确的数学公式来建立被控对象的精确数学模型，因此可极大简化系统设计和数学建模的复杂性，提高系统建模和仿真控制的效率。

图 6-5　基于模糊控制自动泊车系统的示意图

模糊控制系统在建模过程中，利用人类积累的相关知识和生活经验进行推理，模拟人类大脑处理复杂事件的过程，进而产生相应的控制思想，控制思想经过编译成为控制策略。模糊逻辑控制策略由工程人员的控制思路和实践经验积累编译而成，具有较佳的鲁棒性、适应性以及容错性。其主要由定义模糊变量、模糊变量模糊化、定义规则库、推理决策和逆模糊化五个环节组成。

(3) 最优控制　最优控制理论是变分法的推广，着重于研究使控制系统的指标达到最优化的条件和方法。为了解决最优控制问题，必须建立描述受控运动过程的运动方程，给出控制变量的允许取值范围，指定运动过程的初始状态和目标状态，并且规定一个评价运动过程品质优劣的性能指标，如图 6-6 所示，为自动驾驶避障的优化路径规划。

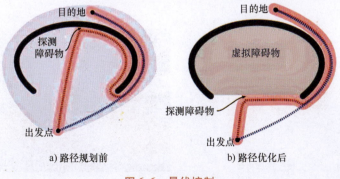

图 6-6　最优控制

通常，性能指标的好坏取决于所选择的控制函数和相应的运动状态。系统的运动状态受到运动方程的约束，而控制函数只能在允许的范围内选取。同时，最优控制的实现离不开最优化技术。最优化技术是研究和解决如何将最优化问题表示为数学模型以及如何根据数学模型尽快求出其最优解这两大问题。

（4）滑模控制　在系统控制过程中，控制器根据系统当时状态，以跃变方式有目的地不断变换，迫使系统按预定的"滑动模态"的状态轨迹运动。变结构是通过切换函数实现的，特别要指出的是，通常要求切换面上存在滑动模态区，故变结构控制又常被称为滑动模态控制。

（5）基于模型的控制　基于模型的控制，一般称为模型预测控制（MPC），又可称为滚动时域控制（MHC）和后退时域控制（RHC），它是一类以模型预测为基础的计算机优化控制方法，在近些年来被广泛研究和应用的一种控制策略。

其基本原理可概括为：在每个采样时刻，根据当前获得的当前测量信息，在线求解一个有限时域的开环优化问题，并将得到的控制序列的第一个元素作用于被控对象，在一个采样时刻，重复上述过程，再用新的测量值刷新优化问题并重新求解。在线求解开环优化问题获得开环优化序列是模型预测控制与传统控制方法的主要区别。预测控制算法主要由预测模型、反馈校正、滚动优化、参考轨迹四个部分组成，最好将优化解的第一个元素（或第一部分）作用于系统。

（6）神经网络控制　神经网络控制是研究和利用人脑的某些结构机理以及人的知识和经验对系统的控制，如图6-7所示。利用神经网络，可以把控制问题看成模式识别问题，被识别的模型是映射"行为"信号的"变化"信号。神经网络控制最显著的特点是具有学习能力。它是通过不断修正神经元之间的连接权值，并离散存储在连接网络中来实现的。它对非线性系统和难以建模的系统的控制具有良好效果。

一般情况下，神经网络用于控制系统有两种方法：一种是用其建模，主要利用神经网络能任意近似任何连续函数和其学习算法的优势，存在前馈神经网络和递归神经网络两种类型；另一种是直接作为控制器使用。

（7）深度学习方法　深度学习源于神经网络的研究，可理解为深层的神经网络。通过它可以获得深层次的特征表示，免除人工选取特征的繁复冗杂和高维数据的维度灾难问题。深度学习在特征提取与模型拟合方面显示了其潜力和优势。对于存在高维数据的控制系统，引入深度学习具有一定的意义，近年来，已有一些研究关注深度学习在控制领域的应用，如图6-8所示。

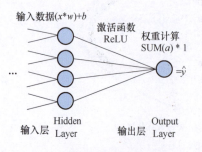

图6-7　神经网络控制原理图

图6-8　深度学习在自动驾驶导航系统中的应用

目前，较为公认的深度学习的基本模型包括基于受限玻尔兹曼机（RBM）的深度置信网络（DBN）、基于自动编码器（AE）的堆叠自动编码器（SAE）、卷积神经网络（CNN）、递归神经网络（RNN）。

自动驾驶系统需要尽量减少人的参与或没有人的参与，深度学习自动学习状态特征的能力使得深度学习在无人驾驶系统的研究中具有先天的优势。如何充分利用和发挥深度学习在自动驾驶系统中的优势并发展深度学习在内的自动驾驶系统控制是目前的研究方向。

二、控制执行技术的未来发展趋势

国内智能汽车发展相对较晚，目前仍处于L1/L2渗透过程中。2020年驾驶辅助（DA）、部分自动驾驶（PA）车辆市场占有率约50%；中期重点形成网联式环境感知能力，实现可在复杂工况下的半自动驾驶，2025年高度自动驾驶（HA）车辆占有率约10%~20%；远期推动可实现V2X协同控制、具备高度/完全自动驾驶功能的智能化技术，2030年完全自主驾驶（FA）车辆市场占有率近10%。从企业规划来看，国外大部分整车厂计划将在2020年前后投放L3级量产车，并将在2025年前后实现L4级量产。百度、谷歌、特斯拉等科技公司规划2020年前后实现L4/L5级自动驾驶。国内部分主机厂计划在2020年实现L3级自动驾驶，如北汽、广汽新能源等；2025年实现L4自动驾驶。

1. 底盘系统全面受益

汽车行业的发展趋势是电动化、智能化、网联化、共享化、轻量化。面对这些发展趋势，零部件子系统受到的影响各不相同，一般有增减零部件、提升或降低单车价值量等影响，线控底盘如图6-9所示。

电动化对于底盘（新增电池壳）、空调冷却（电动空调、电池冷却系统）、电子电气等子系统具有增量作用，对于动力总成则有增（电动车新增电池、电机、电控等）有减（电动汽车无须发动机、变速器、燃油系统等）。智能化主要对底盘系统（线控底盘）、通信控制系统、电子电气系统等具有增量作用。网联化主要对通信控制（增加T-box等联网零部件）、电子电气系统具有增量作用。共享化则主要侧重于汽车商业模式的改变，同时对通信控制（增加联网及控制零部件）、电子电气系统具有增量作用。轻量化应用范围较广，对动力总成、底盘、内饰、车身、外饰等都具有增量作用。

2. 智能化推动线控底盘发展

汽车行业另外一个重要发展方向就是智能化，如图6-10所示。智能汽车的感知识别、决策规划、控制执行三个核心系统中，与底盘相关的主要是控制执行，需要对传统汽车的底盘进行线控改造以适用于自动驾驶。

图6-9 线控底盘

图6-10 线控底盘智能化发展

3. 智能化推动线控转向发展

在汽车的发展历程中，转向系统经历了四个发展阶段：从最初的机械式转向系统（MS）发展为液压助力转向系统（HPS），然后又出现了电控液压助力转向系统（EHPS）和电动助力转向系统（EPS）。

线控转向系统是通过给助力电机发送电信号指令，从而实现对转向系统的控制。当转向盘转动时，转矩传感器和转向角传感器将测量到的驾驶人转矩和转向盘的转角转变成电信号输入到电子控制器（ECU），ECU依据车速传感器和安装在转向传动机构上的位移传感器的信号来控制转矩反馈电机的旋转方向，并根据转向力模拟、生成反馈转矩，控制转向电机的旋转方向、转矩大小和旋转的角度，通过机械转向装置控制转向轮的转向位置。

目前，配备线控转向系统的车型较少，其中英菲尼迪Q50、Q50L部分高配车型和Q60装备了DAS线控转向，这套线控转向系统的构成与传统转向系统结构类似，不同之处在于它多了3组ECU电子控制单元、转向盘后的转向动作回馈器、离合器。当任意一个ECU被监测到出现问题时，备用模式将激活离合器，恢复至传统的机械传动转向模式，确保驾驶人可以掌控车辆。

目前，EPS单价约1500元，线控转向系统以EPS为基础，短期产销量较低，预计单价约4000元，后期随着应用范围扩大，预计单价有望逐步降低至3000元左右。按照2020年、2025年国内乘用车销量分别为2300万、2700万辆，线控制动系统渗透率分别为0.1%、15%进行估算，2020年、2025年国内线控制动系统的市场空间分别为1亿和122亿元。

从发展阶段来看，线控转向系统尚处于发展早期阶段，目前渗透率较低，仅有少量车型配备。随着L3及以上智能驾驶的逐步渗透，线控制动有望爆发。根据上述预测，线控制动2020~2025年市场空间年均复合增速高达166%。根据佐思产研数据，2017年中国乘用车转向助力系统厂家中，Bosch、JTEKT、NSK、ZF、Nexteer等公司市场占有率排名靠前。国内企业主要有株洲易力达、湖北恒隆和浙江世宝等，但规模都比较小，技术相对落后。此外拓普集团也积极拓展EPS等产品，有望凭借资金、效率、人才等优势，获得一定的市场空间。EPS关键技术在于控制器的设计，核心内容包括路感匹配、路感跟踪、故障诊断及处理等。EPS的核心部件电机、电控、转矩传感器、角度传感器基本都为各大主机厂内部供应。线控转向技术需要在EPS技术上发展，因此参与者绝大多数都是传统的EPS系统供应商。

4. 底盘轻量化潜力巨大

轻量化是发展方向，燃油车油耗排放和电动车续驶里程是国内汽车厂商面临的两大挑战，轻量化是解决问题的关键之一，因此也是汽车未来重要的发展方向。汽车行业很早就开始探索轻量化技术，主要手段包括选用轻质材料、优化结构设计和选择先进制造工艺等。优化结构设计和先进制造工艺带来的减重效果相对较小，因此目前轻量化研究的主要方向是轻质材料，包括高强度钢、铝合金和碳纤维复合材料等。

底盘轻量化产品种类较多，不同零部件市场格局有所不同。铝合金控制臂领域，供应商主要有拓普集团、骆氏集团等；铝合金副车架方面，供应商主要有华域汽车、拓普集团、万安科技等；铝合金转向节领域，供应商主要有伯特利、中信戴卡、华域汽车、拓普集团、苏州安路特等；铝合金制动钳领域，供应商主要有百炼、华域汽车、京西国际等。从竞争要素来看，底盘零部件从钢铁制品到铝合金，材料发生变化，相关的工艺等差别巨大，一方面单车价值量显著提升；另一方面供应链或将重构，新产品对于相关设备投入和技术要求较高，因此在铝合金等产品上具有技术优势和资金优势的供应商有望受益。

项目六 智能网联汽车控制执行技术

任务二 智能网联汽车的控制执行技术及应用

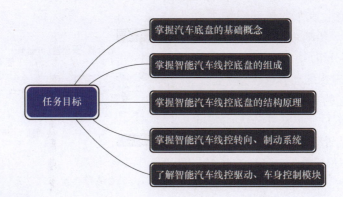

智能网联汽车通过跟踪决策规划的轨迹目标,控制车辆的加速、制动和转向等驾驶动作,调节车辆行驶速度、位置和方向等状态,以保证汽车的安全性、操纵性和稳定性。而这些很大程度上需要通过汽车的底盘系统来实现。

随着互联网、大数据和人工智能等先进技术在交通工具运输领域的应用与发展,汽车的内部空间、人机界面、操作方式和交互过程正在发生革命性的变化。

一、汽车底盘

在能源、环保、安全等因素推动下,汽车产业发展方向是电动化、智能化、轻量化等,底盘系统均有望受益。电动化方面新能源电池盒产品单车价值量高达 3000~5000 元;智能化方面线控制动和线控转向系统单车价值量分别约 2500 元、4000 元;轻量化方面铝合金控制臂、副车架、转向节、制动钳等产品单车价值量近 5000 元,2025 年市场空间合计约 763 亿元,年均复合增速 23%。国内伯特利、拓普集团、华域汽车在电动化、智能化、轻量化等领域均有布局,有望持续受益。

1. 汽车底盘的组成

汽车一般由发动机、底盘、车身、电气等主要部分组成,其中底盘是指汽车上由传动系统、行驶系统、转向系统和制动系统等部分组成的,如图 6-11 所示,其功能包括支承、安装汽车车身、发动机及其他各部件及总成,形成汽车的整体造型,承受发动机动力,保证车辆正常行驶等。

底盘产业链上游主要包括钢铁、有色金属、塑料、橡胶、电子元器件等,经过产业链中游的底盘零部件企业进行组装制造生产,生

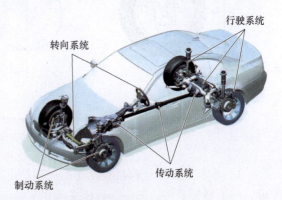

图 6-11 汽车底盘的系统结构图

83

产的传动、行驶、转向、制动等底盘子系统售予下游整车生产厂家。上游钢铁、塑料、橡胶等原材料的价格波动对于底盘零部件的毛利率等具有较大影响。下游整车的生产决定了底盘零部件的需求，同时整车的技术升级也将带来底盘零部件的形态变化。

（1）传动系统　汽车的传动系统主要由离合器、变速器、传动轴、主减速器、差速器以及半轴等部分组成，如图 6-12 所示，其功能是将发动机输出的动力送达驱动轮。

汽车传动系统的布置形式与发动机的位置及驱动形式有关，一般可分为前置前驱、前置后驱、后置后驱、中置后驱、四驱等多种形式。

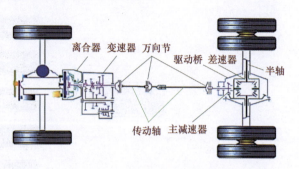

图 6-12　汽车传动系统的组成

（2）行驶系统　汽车行驶系统由车架、车桥、车轮和悬架组成，如图 6-13 所示。

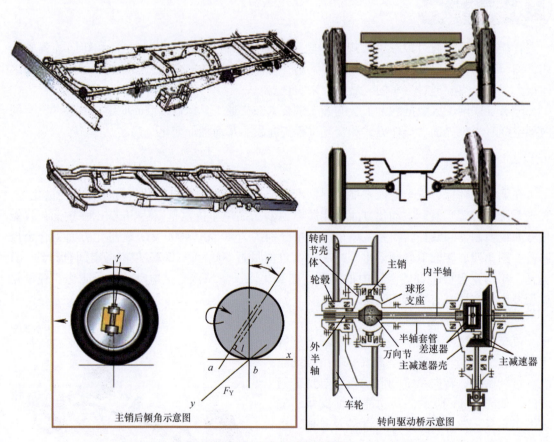

图 6-13　汽车行驶系结构图

1）车架。车架是跨接在汽车前后车桥上的框架式结构，一般由两根纵梁和数根横梁组成，经由悬架装置、前桥、后桥支承在车轮上。车架的功用是支撑、连接汽车的各总成，使各总成保持相对正确的位置，并承受汽车内外的各种载荷。

项目六　智能网联汽车控制执行技术

> **● 小知识**
>
> 行驶系统的功能有：
> 1）接受由发动机经传动系统传来的转矩，并通过驱动轮与路面间的附着作用，驱动汽车正常行驶。
> 2）传递并承受路面作用于车轮上的各种反力及其所形成的力矩。
> 3）尽量缓和不平路面对车身造成的冲击和振动，保证汽车的平顺行驶。
> 4）与汽车转向系统协调配合，实现汽车行驶方向的正确控制，以保证汽车操纵稳定性。

根据结构形式不同，车架可以分为边梁式车架、中梁式车架和综合式车架（前部边梁式、后部中梁式）等，其中边梁式车架应用最为广泛。

2）车桥。车桥（又称车轴）通过悬架与车架（或承载式车身）相连接，其两端安装车轮。车桥的作用是传递车架（或承载式车身）与车轮之间各方向的作用力及其力矩。

根据悬架结构的不同，车桥可以分为整体式与断开式两种。根据车桥上车轮的作用，车桥也分成转向桥、驱动桥、转向驱动桥和支持桥四种，其中转向桥和支持桥都属于从动桥。

转向桥由前轴、转向节、主销和轮毂等组成，驱动桥由主减速器、差速器、半轴、桥壳等组成。

大多数乘用车采用前置前驱形式，前桥成为转向驱动桥，后桥充当支持桥。部分汽车采用前置后驱形式，因此前桥作为转向桥，后桥作为驱动桥。

3）车轮。车轮是固定轮胎内缘、支持轮胎并与轮胎共同承受负荷的刚性轮，一般由轮辋与轮辐组成。按轮辐的构造，可分为辐板式车轮和辐条式车轮。按车轮材质，可以分为钢制、铝合金、镁合金等车轮。

轮胎规格常用一组数字表示，前一个数字表示轮胎断面宽度，后一个表示轮辋直径，以in为单位。

> **● 小知识**
>
> 例如165/70R14表示胎宽165mm，扁平率70，轮辋直径14in。中间的字母或符号有特殊含义："X"表示高压胎；"R"、"Z"表示子午胎；"—"表示低压胎。

4）悬架。汽车悬架是连接车轮与车身的机构，对车身起支撑和减振的作用。悬架的主要功能是传递作用在车轮和车架之间的力，并且缓冲由不平路面带来的冲击力，以保证汽车的平顺行驶。

典型的悬架系统结构主要包括弹性元件（弹簧等）、减振器以及导向机构（连杆等）等部分，这三部分分别起缓冲、减振和力的传递作用。

弹性元件又有钢板弹簧、空气弹簧、螺旋弹簧以及扭杆弹簧等形式，而现代轿车悬架系统多采用螺旋弹簧和扭杆弹簧，部分高级轿车则使用空气弹簧。

悬架可以分为独立悬架和非独立悬架，区别在于独立悬架的左右两个车轮间没有硬轴进行刚性连接，一侧车轮的悬架部件全部都只与车身相连，而非独立悬架两个车轮间不是相互独立的，之间有硬轴进行刚性连接。

从结构上看，独立悬架由于两个车轮间没有干涉，一般舒适性和操控性更好。而非独立

85

悬架结构简单，具有更好的刚性和通过性。

此外根据具体结构，还可以分为麦弗逊式悬架、双叉臂式悬架、扭转梁式悬架、多连杆悬架等。目前，大多数乘用车前悬架多采用麦弗逊悬架，后悬架多采用扭转梁式、多连杆式等。

（3）转向系统　转向系统是用来改变或保持汽车行驶或倒退方向的一系列装置，其功能就是按照驾驶人的意愿控制汽车的行驶方向。

按照动力来源，汽车转向系统分为两大类：机械转向系统和动力转向系统。

1）机械转向系统以驾驶人的体力作为转向能源，其中所有传力件都是机械的。机械转向系统由转向操纵机构、转向器和转向传动机构三大部分组成，如图6-14所示。

2）动力转向系统是兼用驾驶人体力和发动机动力为转向能源的转向系统，一般是在机械转向系统的基础上加设一套动力转向装置而成。

在正常情况下，汽车转向所需能量只有一小部分由驾驶人提供，而大部分是由发动机通过动力转向装置提供的。但在动力转向装置失效时，一般还应当能由驾驶人独立承担汽车转向任务。

（4）制动系统　制动系统是使汽车的行驶速度可以强制降低的一系列专门装置，主要由供能装置、控制装置、传动装置和制动器等部分组成，如图6-15所示，常见的制动器主要有鼓式制动器和盘式制动器。

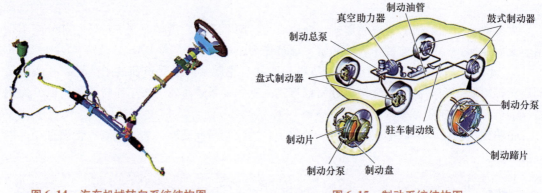

图6-14　汽车机械转向系统结构图　　　图6-15　制动系统结构图

1）鼓式制动器主要包括制动轮缸、制动蹄、制动鼓、摩擦片、回位弹簧等部分，主要是通过液压装置使摩擦片与随车轮转动的制动鼓内侧面发生摩擦，从而起到制动的效果。

2）盘式制动器主要由制动盘、制动钳、摩擦片、分泵、油管等部分构成，主要通过液压系统把压力施加到制动钳上，使制动摩擦片与随车轮转动的制动盘发生摩擦，从而达到制动的目的。

安全、舒适、节能、环保是汽车发展的方向和永恒主题，而电子化、智能化、电动化、可再生化是实现安全、舒适、节能、环保的有效措施和手段，采用线控技术可为实现汽车的电子化、智能化、电动化及可再生化提供有力的技术保证。随着汽车电子技术的不断发展，线控技术将逐渐在汽车上得到普遍应用，笨重的机械/液压系统将被精确的电子传感器和电执行元件代替，传统汽车的操纵执行机构将发生根本性变化。目前，汽车上几乎所有操纵控制都可以采用线控技术，线控技术及线控汽车的研究已经成为各国研究的热点。线控技术（X-by-Wire）源于飞机的控制系统，其将飞行员的操纵命令转化成电信号通过控制器控制飞机飞行。线控汽车采用同样的控制方式，可利用传感器感知驾驶人的驾驶意图，并将其通过导线输送给控制器，控制器控制执行机构工作，实现汽车的转向、制动、驱动等功能，从而取代传统汽车靠机械或液压来传递操纵信号的控制方式。

二、智能汽车的线控技术

1. 智能汽车线控底盘的组成

线控底盘主要由四大系统构成，分别是线控转向、线控制动、线控驱动和车身控制模块，如图 6-16 所示，其中线控转向和线控制动是自动驾驶执行端方向最核心的产品。

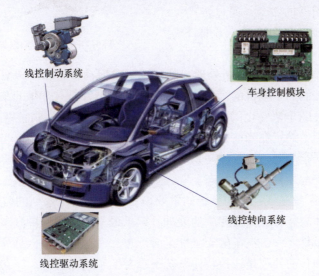

图 6-16　线控底盘的组成

2. 线控系统的基本结构原理

线控系统在人机接口通信、执行机构和传感机构之间以及与其他的系统之间要进行大量的信息传输，要求网络的实时性好、可靠性高，而且要求具有冗余的"功能实现"，以保证在故障时仍可实现装置的基本功能，其结构原理如图 6-17 所示。

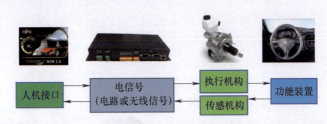

图 6-17　线控系统的结构原理图

3. 线控转向系统

（1）线控转向系统的组成　汽车线控转向系统由转向盘模块、转向执行模块和 ECU 三个主要部分以及自动防故障系统、电源等辅助系统组成，如图 6-18 所示。

1）转向盘模块包括转向盘、转向盘转角传感器、力矩传感器、转向盘回正力矩电机。转向盘模块的主要功能是将驾驶人的转向意图

汽车智能座舱介绍

（通过测量转向盘转角）转换成数字信号，并传递给 ECU；同时接受 ECU 送来的力矩信号，产生转向盘回正力矩，以提供给驾驶人相应的路感信息。

2）转向执行模块包括前轮转角传感器、转向执行电机、转向电机控制器和前轮转向组件等组成。转向执行模块的功能是接受主控制器的命令，通过转向电机控制器控制转向车轮转动，实现驾驶人的转向意图。

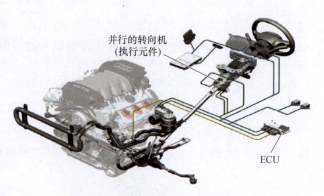

图 6-18 线控转向系统的组成

3）ECU 对采集的信号进行分析处理，判别汽车的运动状态，向转向盘回正力电机和转向电机发送指令，控制两个电机的工作，保证各种工况下都具有理想的车辆响应，以减少驾驶人对汽车转向特性随车速变化的补偿任务，减轻驾驶人负担。同时 ECU 还可以对驾驶人的操作指令进行识别，判定在当前状态下驾驶人的转向操作是否合理。当汽车处于非稳定状态或驾驶人发出错误指令时，线控转向系统会将驾驶人错误的转向操作屏蔽，而自动进行稳定控制，使汽车尽快地恢复到稳定状态。

4）自动防故障系统是线控转向系统的重要模块，它包括一系列的监控和实施算法，针对不同的故障形式和故障等级做出相应的处理，以求最大限度地保持汽车的正常行驶。作为应用最广泛的交通工具之一，汽车的安全性是必须首先考虑的因素，是一切研究的基础，因而故障的自动检测和自动处理是线控转向系统最重要的组成系统之一。它采用严密的故障检测和处理逻辑，以更大地提高汽车安全性能。

5）电源系统承担着控制器、两个执行电机以及其他车用电器的供电任务，其中仅前轮转角执行电机的最大功率就有 500~800W，加上汽车上的其他电子设备，电源的负担已经相当沉重。所以要保证电网在大负荷下稳定工作，电源的性能就显得十分重要。

（2）线控转向系统的功能　汽车转向系统是决定汽车主动安全性的关键总成，传统汽车转向系统是机械系统，汽车的转向运动是由驾驶人操纵转向盘，通过转向器和一系列的杆件传递到转向车轮而实现的。汽车线控转向系统取消了转向盘与转向轮之间的机械连接，完全由电能实现转向，摆脱了传统转向系统的各种限制，不但可以自由设计汽车转向的力传递特性，而且可以设计汽车转向的角传递特性，给汽车转向特性的设计带来无限的空间，是汽车转向系统的重大革新。

汽车线控转向系统的工作原理，如图 6-19 所示。用传感器检测驾驶人的转向数据，然后通过数据总线将信号传递给车上的 ECU，并从转向控制系统获得反馈命令；转向控制系统也从转向操纵机构获得驾驶人的转向指令，并从转向系统获得车轮情况，从而指挥整个转向系统的运动。转向系统控制车轮转

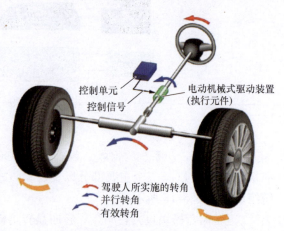

图 6-19 线控转向系统的工作原理

到需要的角度，并将车轮的转角和转动转矩反馈到系统的其余部分，比如转向操纵机构，以使驾驶人获得路感，这种路感的大小可以根据不同的情况由转向控制系统控制。

（3）线控转向系统的分类　线控转向系统是用来改变和恢复汽车行驶方向的专设机构，如图 6-20 所示。所谓助力转向，是指借助外力，使驾驶人用更少的力就能完成转向。起初应用于一些大型车上，不用那么费力就能够轻松地完成转向。现在已经广泛应用于各种车型上，使驾驶更加轻松、敏捷，一定程度上提高了驾驶安全性。助力转向按动力的来源可分为液压助力转向系统和电动助力转向系统。

图 6-20　线控转向系统

1）液压助力转向系统。电子式液压助力的结构原理如图 6-21 所示，与机械式液压助力大体相同，最大的区别在于提供油压油泵的驱动方式不同。机械式液压助力的液压泵直接是通过发动机传动带驱动的，而电子式液压助力采用的是由电力驱动的电子泵。

机械式液压助力转向系统主要包括齿轮齿条转向结构和液压系统（液压助力泵、液压缸、活塞等）两部分。工作原理是通过液压泵（由发动机传动带带动）提供油压推动活塞，进而产生辅助力推动转向拉杆，辅助车轮转向。

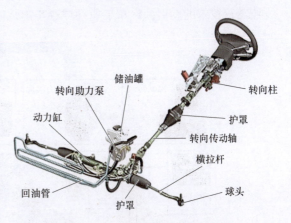

图 6-21　液压助力系统结构框图

2）电动助力转向系统。电动助力转向系统主要由传感器、控制单元和助力电机构成，没有了液压助力系统的液压泵、液压管路、转向柱阀体等结构，结构非常简单，如图 6-22 所示。

图 6-22　电动助力转向系统结构图

（4）线控转向系统的特点

1）提高汽车安全性能。去除了转向柱等机械连接，完全避免了撞车事故中转向柱对驾驶人的伤害；智能化的 ECU 根据汽车的行驶状态判断驾驶人的操作是否合理，并做出相应的调整；当汽车处于极限工况时，能够自动对汽车进行稳定控制。

2）改善驾驶特性，增强操纵性。基于车速、牵引力控制以及其他相关参数基础上的转向比率（转向盘转角和车轮转角的比值）不断变化，低速行驶时，转向比率低，可以减少转弯或停车时转向盘转动的角度；高速行驶时，转向比率变大，获得更好的直线行驶条件。

3）改善驾驶人的路感。由于转向盘和转向车轮之间无机械连接，驾驶人"路感"通过模拟生成。可以从信号中提出最能够反映汽车实际行驶状态和路面状况的信息，作为转向盘回正力矩的控制变量，使转向盘仅向驾驶人提供有用信息，从而为驾驶人提供更为真实的"路感"。

4. 线控制动系统

线控制动系统（Brake by Wire 简称为 BBW），即电子控制制动系统，如图 6-23 所示。线控制动系统是在传统制动系统上发展而来的，在线控系统技术发展的过程中，线控制动系统是用电系统替代传统机械系统或液压系统的过程。1972 年，美国国家航空航天局（National Aeronautics and Space Administration，简称 NASA）推出了线控飞行技术的飞机。随着技术的革新，目前绝大部分军用飞机和大部分民用飞机都采用了这项技术。借鉴航空领域的线控飞行技术的发展，汽车工业领域逐步出现了线控制动系统的开发与应用。

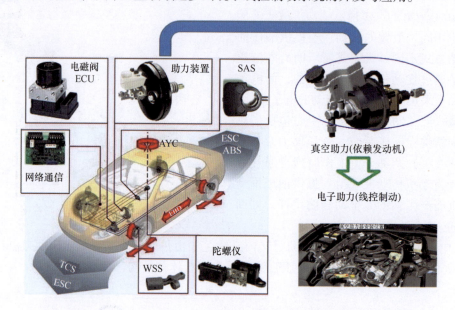

图 6-23　线控制动系统结构图

（1）线控制动系统的优点

1）线控制动系统的制动踏板与制动执行机构解耦，可以降低部件的复杂性，减少液压与机械控制装置，减少杠杆、轴承等金属连接件，减轻质量，降低油耗和制造成本。

2）线控制动系统具有精确的制动力调节能力，是电动汽车摩擦与回馈耦合制动系统的理想选择。

3）基于线控制动系统，不仅可以实现更高品质的 ABS/ESC/EPB 等高级安全功能控制，而且可以满足先进汽车智能系统对自适应巡航（ACC）、自动紧急制动（AEB）、自动泊车、无人驾驶等的要求。

（2）线控制动系统的分类　线控制动系统可分为机械式线控制动系统和液压式线控制动系统。

1) 机械式线控制动系统（EMB）即为电子机械式制动系统，如图 6-24 所示。EMB 与常规的液压制动系统截然不同，EMB 以电能为能量来源，通过电机驱动制动垫块，由电线传递能量，数据线传递信号，EMB 是线控制动系统的一种。整个系统中没有连接制动管路，结构简单，体积小，信号通过电传播，反应灵敏，减小制动距离，工作稳定，维护简单，没有液压油管路，不存在液压油泄露问题，通过 ECU 直接控制，易于实现 ABS、TCS、ESP、ACC 等功能。

> **● 小知识**
>
> EMB 的优点：EMB 的执行机构和踏板间无机械或液压连接，缩短了制动器的作用时间，有效减小制动距离；EMB 不需要助力器，减少空间，结构布局更加灵活；EMB 无须制动液，系统质量轻并且比较环保；EMB 在 ABS 模式下无回弹振动，可以有效消除噪声。
>
> EMB 的缺点：恶劣、电子元器件易受干扰，系统工作的安全性和可靠性还有待提高；EMB 要求助力电机的性能优越，反应迅速，体积小巧，在电机设计上难度很大，成本很高。

2) 液压式线控制动系统（EHB）。EHB 是从传统的液压制动系统发展来的，但与传统制动方式有很大的不同，EHB 以电子元件替代了原有的部分机械元件，是一个先进的机电一体化系统，它将电子系统和液压系统相结合。EHB 系统结构主要由电子踏板、电子控制单元（ECU）、液压执行机构组成，如图 6-25 所示。

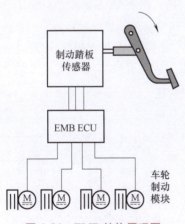

图 6-24　EMB 结构原理图

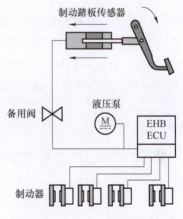

图 6-25　EHB 结构原理图

电子踏板是由制动踏板和踏板传感器（踏板位移传感器）组成。踏板传感器用于检测踏板行程，然后将位移信号转化成电信号传给 ECU 电控单元，实现踏板行程和制动力按比例进行调控。EHB 工作时，制动踏板与制动器之间的液压连接断开，备用阀处于关闭状态，电子踏板配有踏板感觉模拟器和电子传感器，ECU 可以通过重构信号来判断驾驶人的制动意图，并通过电机驱动液压泵进行制动。当电子系统发生故障时，备用阀打开，EHB 系统变成传统的液压系统。

电子液压式线控制动系统从结构上分为整体式和分体式两种。

① 整体式是由总泵/踏板单元、主动增压模块、分泵压力调节模块集成在一个部件内，如图 6-26 所示。

图 6-26　整体式电子液压线控制动系统图

② 分体式：总泵/踏板单元和主动增压模块集成在一个模块中，分泵压力调节模块作为另一个单独模块，如图6-27所示。

5. 线控驱动系统

线控驱动系统主要由电子加速踏板、电机控制器、驱动电机或发动机等组成，如图6-28所示。电子加速踏板用于识别驾驶人的加速意图，该电信号被电机控制器采集，电机控制器识别出驾驶人加速意图后向驱动电机或发动机发出指令驱动车辆加速。

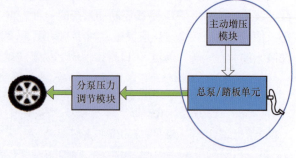

图6-27 分体式电子液压线控制动系统图

（1）电子节气门 电子节气门取消了踏板和节气门之间的机械结构，而是通过加速踏板位置传感器去检测加速踏板的位移，这个位移就代表了驾驶人的驾驶意图，如图6-29所示。把该信号传递给ECU，ECU根据其他传感器反馈回来的信息进行分析和计算得到最佳的节气门开度，然后再驱动节气门控制电机，节气门

图6-28 线控驱动系统结构部件图

位置传感器检测节气门的实际开度，再把该信号反馈给ECU去实现整个节气门开度的闭环控制。而传统节气门是通过机械结构连接，反应延迟小；没有办法应对复杂道路下的各种工况，油耗和排放都不能得到很好地控制，如图6-30所示。

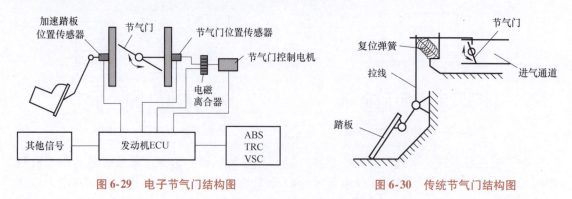

图6-29 电子节气门结构图　　　　　　　图6-30 传统节气门结构图

（2）传统汽车线控驱动系统 对于传统内燃机车而言，只需要能够实现加速踏板的自动控制就能够实现线控驱动，如图6-31所示。

方式一：在加速踏板的位置增加一套执行机构，去模拟驾驶人踩加速踏板。同时还要增加一套控制系统，输入目标车速信号，实际车速作为反馈。通过控制系统计算，去控制执行机构去执行动作。

方式二：接管节气门控制单元加速踏板的位置信号，只需要增加一套控制系统，输入目标车速信号，把实际的车速作为反馈，最后控制系统计算输出加速踏板位置信号给节气门控制单元。

项目六 智能网联汽车控制执行技术

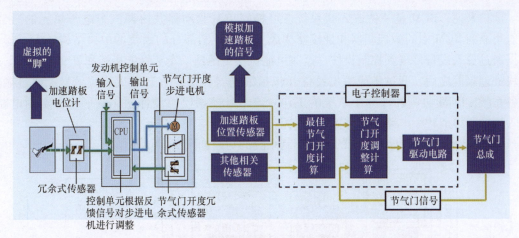

图 6-31 传统线控驱动系统结构功能图

(3) 电动线控驱动系统 电动线控驱动系统主要由整车控制单元（即为 VCU）来完成驱动，如图 6-32 所示。它的主要功能是实现转矩需求的计算以及实现转矩分配。VCU 接收车速信号、加速、车踏板信号以及一些其他信号，然后在 VCU 内部进行计算，发送转矩指令给电机控制单元，电机控制单元接收到 VCU 的转矩需求后进行电机转矩的控制，从而能够实现实时地响应 VCU 的转矩需求，因此只需要 VCU 开放速度控制接口就能实现线控驱动。

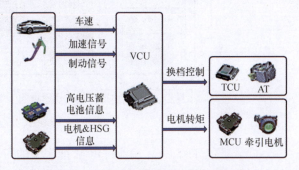

图 6-32 VCU 控制驱动系统结构原理图

6. 车身控制模块

(1) 车身控制模块的组成 车身控制模块（BCM），汽车的最重要的模块之一。它主要包括电机控制器（MCU）、传感器输入及车载网络，如图 6-33 所示。

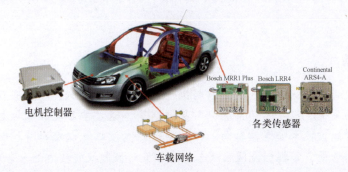

图 6-33 车身控制模块结构图

(2) 车身控制模块的工作原理 随着汽车智能化的发展，汽车用户对汽车的驾驶舒适性和安全性提出更高的要求，面临更艰巨的挑战，汽车的车身更多趋向于车身控制模块的集成化和一体化发展。

93

严格来说，BCM 是一种嵌入式系统，可控制负载驱动器并协调汽车电子单元的激活。一般集成到 BCM 中的微控制器和插接器构成了负责控制部分的系统的中央结构单元。操作数据通过输入设备传输到控制模块。这些可能包括传感器、车辆性能指标和可变电抗器。在模块处理数据之后，通过集成输出设备（包括继电器和螺线管）生成响应信号。通过输出设备系统，BCM 协调各种电子系统的工作。该车身控制模块设计图显示了一个定制电路，作为连接和集成较小电路的网关。

（3）传统 BCM 功能　传统的车身控制系统的功能如图 6-34 所示。

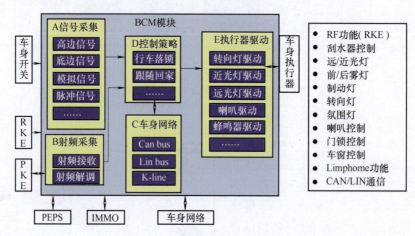

图 6-34　传统车身控制模块功能图

（4）智能车身 BCM 功能　BCM 指广义的车身控制模块平台，在传统的 BCM 平台上进行广泛扩展，可称为"BCM"="平台化"+"整合化"+"智能化"，是在整合了 PEPS、IMMO、TPMS、倒车雷达系统、车门防夹、网关等功能。智能车身 BCM 可分为集中式、分散式和蓝牙模块三类。

BCM 可以执行各种功能，输出设备基于通过 CAN（控制器区域网络）、LIN 或以太网作为与模块和系统通信的手段从输入设备接收的数据进行管理。可通过 BCM 集成和控制的电子系统包括能源管理系统、报警系统、防盗系统、访问/驱动程序授权系统、先进驾驶辅助系统、电动车窗。

【项目小结】

本项目主要讲解智能网联汽车的控制执行技术的基础概念、汽车底盘上的线控转向系统、线控制动系统、线控驱动系统、车身控制等，通过学习能够掌握智能网联汽车控制执行技术中的线控技术如线控转向、线控制动、线控驱动以及车身控制模块方面的知识，了解其应用场景，掌握智能网联汽车行为决策与控制执行技术的未来发展。

项目七
智能网联汽车人机交互技术

任务一　人机交互技术发展的现状及未来

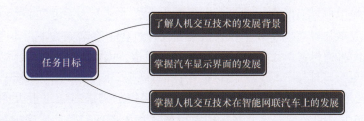

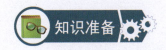

一、人机交互技术发展背景

人机交互技术是指通过计算机输入、输出设备,以有效的方式实现人与计算机对话的技术。人机交互技术包括机器通过输出或显示设备给人提供大量有关信息及提示请示等,人通过输入设备给机器输入有关信息,回答问题及提示请示等。人机交互技术是计算机用户界面设计中的重要内容之一。它与认知学、人机工程学、心理学等学科领域有密切的联系。也指通过电极将神经信号与电子信号互相联系,达到人脑与电脑互相沟通的技术,可以预见,电脑甚至可以在未来成为一种媒介,达到人脑与人脑意识之间的交流,即心灵感应。

随着科学技术的发展,人机交互技术也经历了以下几个主要阶段的发展。

1. 早期的手工作业及命令语言阶段

自工业革命开始,机器和个人的生活关系越来越紧密。早期的计算机体积庞大,我们可以称为 DOS 时代,当时计算机没有图像显示界面,主要通过电脑终端,完成命令行的交互。

这个时代的交互，就是输入一次，就会输出一次，属于最原始状态的人机交互。20世纪60~80年代，磁芯存储器和操作系统逐渐问世，显示技术也开始趋于成熟，批处理作业语言或交互命令语言成为用户与操作系统通信的主要方式。尽管这个时候用户已经可以较为方便地完成和计算机的交互，但依然需要记忆大量命令并能够熟练地操作键盘。

2. 图形用户界面（GUI）阶段

20世纪80年代以后，随着家用个人电脑的普及和鼠标的出现，图形用户界面成为新的人机交互方式。由于图形用户界面具有桌面隐喻、直接操纵和"所见即所得"等特点，用户通过视窗、菜单、图标、按钮等就可以方便地与计算机进行交互，而不再需要记忆大量的命令。图形用户界面的出现大大降低了电脑的操作难度，增加了使用人群，同时也带动了信息产业的快速发展。

3. 网络用户界面阶段

20世纪90年代以来，随着计算机硬件性能的提升以及互联网技术的普及，网络用户界面开始出现，由它形成的万维网已成为当今互联网的支柱。由于搜索引擎、多媒体、社交软件等新技术的不断出现，网络用户界面的发展十分迅速。

4. 多通道、多媒体的智能人机交互阶段

21世纪，智能手机等设备的微型化、嵌入化成为新的发展趋势。同时人们也在探索如何利用多种感觉和动作通道（如语音、体感、面部表情、眼动轨迹等）与机器环境进行更加智能的交互，进而使人机交互更加自然和高效。

在人机交互和用户界面的发展进程中，不难发现，"以人为中心"的思想越来越重要。降低用户的学习成本并提高操作效率在人机交互设计过程中逐渐成为不得不考虑的因素。

未来，人机间将通过各类手段形成双向的交互通道，人类可借助智能体感设备（眼镜、手表、手环等）更直观地接收信息与传达指令；而计算机则可以利用各种识别技术（人脸、手势、语音、指纹、视网膜识别等）全方位地感知用户的需求，通过强大的数据分析能力（人工智能）预知用户的潜在需求，并采用虚拟现实和增强现实等技术模拟环境和信息，实现更加简单、自然、高效的交互。

二、汽车显示界面的发展历程

广义上讲，转向盘、变速杆、车门窗控制等都属于汽车的人机交互范畴。准确起见，本任务只讨论车内的显示器界面（图7-1）的交互的发展，其主要表现为车内屏幕的增加、增大以及交互方式的改变。

1. 中控的发展

最初的中控台是以按键为主，中控台主要是收音机、空调等方面的调节。随着电子产品的普及，汽车车内的电子仪表出现了迭代式发展，开始出现液晶仪表和中控屏，主要应用于娱乐化电子设施，应用的功能较少，屏幕也比较小。到了2000年，车载娱乐系统以音频类功能为主，人们可以通过硬件进行操控。2012年，6in

图7-1 车内显示器界面

左右的触屏开始出现,但依然保留了物理按键,某些中高端的车型上还出现了带有中央控制旋钮的操作。2016年后,大部分车载系统屏幕都在7in以上,部分车甚至取消了物理按键,代之以完整的触屏。屏幕尺寸的增加也使车载中控可以提供更多的功能,例如导航、多媒体和车辆控制等。中远期来看,随着屏幕本身技术的提升,车内交互界面的优先级也会得到相应的调整。预计到2020年左右,关键的行车信息会显示在HUD或数字仪表盘上,而中控屏幕的优先级会降低,并主要承担娱乐、社交等功能。

2. 仪表盘的发展

2002年,仪表盘主要由两个圆形表盘和中央的单色多功能显示屏组成,提供油耗、发动机等信息。2012年前后,仪表盘开始变化,单色显示屏转变为彩色,同时增加了导航等信息的显示,呈现模式也由单一文字转变为图文结合。近几年,在国外品牌引领下,全屏数字仪表盘成为新的趋势。未来车载显示将呈现大尺寸、多屏幕、高分辨率、低耗能、可弯折等趋势,同时也不再局限于中控屏和仪表盘,更多地应用于后座、后视镜、车身等领域,为用户提供更加丰富和便捷的驾乘体验。

3. 抬头显示(HUD)的发展

平视显示器(HUD),是如今普遍运用在航空器上的飞行辅助仪器。平视的意思是指飞行员不需要低头就能够看到他需要的重要资讯。平视显示器最早出现在军用飞机上,降低飞行员需要低头查看仪表的频率,避免注意力中断以及丧失对状态意识的掌握。因为HUD的方便性以及能够提高飞行安全,民航机也纷纷跟进安装。部分汽车业者也以类似的装置作为行销的手段吸引顾客,不过在使用上并不广泛,如图7-2所示。

图7-2 HUD的发展及应用

从数量上来看,搭载抬头显示功能的车型占比2014年时不足3%,而到2017年已有14%的车选装抬头显示。抬头显示提供的图像质量以及显示的信息内容也得到了极大的提升。如今宝马、凯迪拉克、别克、标致、雷克萨斯等部分车型上已经配置或可以选配HUD显示系统。以宝马为例,宝马的第一套抬头显示系统于2004年出现在宝马5系车型上,比其他汽车厂家的同等性能产品亮相要早。而新款宝马7系的抬头显示系统可提供多种有助于提高交通安全性和驾驶舒适性的功能,如可显示定速巡航控制系统、导航系统、检查控制信息以及车速等方面的信息。

目前,国内企业也开始关注抬头显示技术并逐渐开展一些研究开发活动。如惠州华阳多媒体电子有限公司、华创车电技术中心股份有限公司、浙江吉利汽车研究院等汽车制造企业和汽车零部件制造企业申请了抬头显示技术方面的专利。从这些专利中可以看出,国内企业对抬头显示技术研究越来越趋向于多元化的显示信息系统发展,能够将车速、发动机转速、倒车雷达、胎压、温度、车道偏离警示、车辆碰撞预警、盲区监测、燃油量、多媒体等信息都能在 HUD 上显示，为驾驶人提供舒适的驾驶体验。

4. 手势交互

手势交互作为一种新的交互方式，已经在部分产品和展示设计中逐渐被应用。相比传统的物理操作方式，手势交互被认为是一种更为自然的交互方式，手势交互能减小驾驶人的视觉分心和认知负担，逐渐成为汽车人机交互界面设计研究的重要方向。

目前车内使用的手势交互主要有两种技术方案，一种是 TOF，也就是飞行时间方案，通过激光发出和反射的时间差来计算用户手部的位置信息从而识别手势，2017 年宝马已在其高端量产车型中搭载此交互技术；另一种为双目方案，也就是通过并列的两颗红外摄像头捕捉手部图像并进行对比，通过内置的算法模组来完成手势的识别。

微动（Vidoo）是一家致力于将手感操控技术应用于虚拟现实、车载电子、智能家居等前沿领域的科技公司，2017 年的上海国际车展，微动推出了最新车载人机交互产品——微动 Vdrive。目前，Vdrive 产品方案支持 6 种车内手势的精准识别，并能与语音识别无缝结合，应用在导航、空调、多媒体、电话等中控界面控制中，完成多种高频操作。

随着人工智能与机器视觉的技术发展，微动也计划在双目模组基础上，整合手势、人脸、语音等多种识别方式，打造面向未来的"智能驾驶舱"的车内视觉平台，提供更加顺畅的人车交互体验。

5. 语音交互

（1）语音交互的定义　语音交互（VUI）指的是人类与设备通过自然语音进行信息的传递。一次完整的语音交互需要经历 ASR→NLP→Skill→TTS 的流程，如图 7-3 所示。

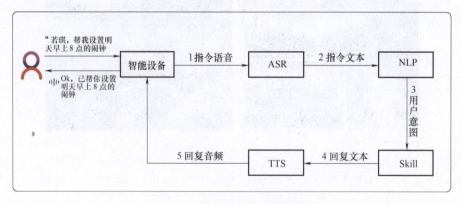

图 7-3　语音交互的工作流程

智能语音交互是基于语音输入的新一代交互模式，你可以通过说话就可以得到反馈结果。典型的应用场景——语音助手，自从 iPhone 4S 推出 SIRI 后，智能语音交互应用得到飞速发展。中文典型的智能语音交互应用如：虫洞语音助手、讯飞语点已得到越来越多的用户认可。

1）语音识别（ASR）。语音交互实际上是语音识别技术的一种应用。语音识别可以被称为自动语音识别。ASR 用于将声学语音进行分析，并得到对应的文字或拼音信息。语音识别系统一般分训练和解码两阶段。训练即通过大量标注的语音数据训练数学模型，通过大量标注的文本数据训练语言模型；解码，即通过声学和语言模型将语音数据识别成文字。声学模型可以理解为是对发声的建模，它能够把语音输入转换成声学表示的输入，更准确地说是给出语音属于某个声学符号的概率。语言模型的作用可以简单理解为消解多音字问题，在声学模型给出发音序列之后，从候选的文字序列中找出概率最大的字符串序列。

2）神经语言程序学（NLP）。NLP用于将用户的指令转换为结构化的、机器可以理解的语言。

● 小知识

　　NLP的工作逻辑是：将用户的指令进行Domain（领域）→Intent（意图）→Slot（词槽）三级拆分。以"帮我设置一个明天早上8点的闹钟"为例：该指令命中的领域是"闹钟"，意图是"新建闹钟"，词槽是"明天8点"。这样，就将用户的意图拆分成机器可以处理的语言。

3）能力（Skill）。Skill也即AI时代的APP。Skill的作用就是：处理NLP界定的用户意图，做出符合用户预期的反馈。

4）语音合成（TTS）。语音合成即为TTS，从文本转换成语音，让机器说话。TTS业内普遍使用两种做法：一种是拼接法；一种是参数法。拼接法即从事先录制的大量语音中，选择所需的基本发音单位拼接而成。优点是语音的自然度很好，缺点是成本太高，费用成本要上百万；参数法指使用统计模型来产生语音参数并转化成波形。优点是成本低，一般价格在20万~60万不等，缺点是发音的自然度没有拼接法好。但是随着模型的不断优化，现在参数法的效果已经非常好了，因此业内使用参数法的越来越多。

（2）语音交互的特点　语音交互是通过语音与机器完成一系列输入和输出，进行信息交换，最终达成用户目标的人机交互方式。

● 小知识

　　下面简要分析一下语音交互的优、劣势以及与GUI界面交互相比的一些特点。
　　1）优点。
　　① 解放双手。与目前主流的GUI界面交互方式相比，不需要借助鼠标、键盘或者手指触控进行信息输入。
　　② 易学习性。声音是人与人之间基本的交流方式，不同年龄段、不同能力技术水平，应用我们的直觉，就可以掌握。
　　③ 便捷性。当执行的任务比较简单时，如：导航去某地，语音输入比打字输入更快速、简单，在语音识别准确率高的情况下，用户可以完全相信语音，无须再用视觉方式来给用户安全感。
　　④ 低复杂度。语音交互可以直接解决用户的最终目标，而不像GUI界面有不同的层级关系，用户达成目标时需要一系列操作并且经历很多页面之间的切换。
　　2）缺点。
　　① 需要输出大量信息时，效率低。信息必须一句一句输出，目前语音交互多以"一问一答"单轮对话为主，每次对话时人们都需要先唤醒智能体。智能体在对话过程中不能理解上下文之间的关系信息。
　　② 场景有限。如无法标准化的输入设备、语义理解及噪声的处理都影响到语音交互的精确度，不适合在嘈杂环境中进行，对隐私要求比较高的任务不适合使用语音交互。

(3) 语音交互的原理　语音交互实际上是语音识别（ASR）技术的一种应用，其目标是将人类的语音中的词汇内容转换为计算机可读的输入，例如按键、二进制编码或者字符序列。与说话人识别及说话人确认不同，后者尝试识别或确认发出语音的说话人而非其中所包含的词汇内容。语音识别的工作原理如图7-4所示。

(4) 语音交互技术的发展

1) 合成语音更加自然、真实，接近于真人水平。目前合成语音的自然度基本满足人们的需求，但相比人类的语音，很长语音仍然比较"冰冷""机械"。随着合成语音自然度和表现力的提升，智能体输出

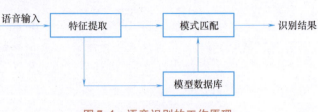

图7-4　语音识别的工作原理

声音的音调、语速、韵律、语气、断句等将更加自然，接近于真人水平，且言语的表达更加口语化和自然，让人感觉就像与真人交流。

● 小资料

例如：百度的小度："小度，小度，请你帮我打开空调"，"请稍等，小度这就为您打开空调。"

2) 语音交互具备听觉选择能力，提升多人对话体验。人类的听觉具有选择性，能够在众多声音中选择性地听取自己需要的或者感兴趣的声音。随着AI语音分离技术的攻克，智能体将习得听觉选择能力，在多人对话场景中反馈，提升多人对话体验。

● 小资料

例如智能家居的百度机器人，能够在众多人讲话的场景下，听到有人让它拉开窗帘的服务。

3) 语音交互将支持多种方言，并针对细分群体进行差异化设计。语音交互是可以支持多种方言的，一方面语音交互在面对方言时遇到较大挑战，未来智能体能通过收集大量的方言语音资料，训练优化语音模型，可以用多种方言与人类对话，使习惯使用方言的群体可以与其交流互动；另一方面，语音交互将针对特定群体进行差异化设计，根据特定群体的语言特征及语言模式，设计个性化的语音交互模型，使智能体和不同群体的互动更"友好"，例如儿童群体的发音，要提高发音、措辞和语序的容错率等。

三、智能网联汽车人机交互技术发展现状

近年来，随着全球新一轮科技和产业革命的蓬勃发展，我国的智能网联汽车产业发展迅猛，产业规模迅速扩大。汽车智能化、网联化趋势不断加深汽车产业数字化、信息化的变革，对人、车、环境关系带来了新的影响，人机交互设计也将成为智能汽车发展和创新的核心要素。

1. 人机交互已成为智能汽车发展的关键技术

未来智能汽车将作为平台集成大量的功能，人机交互对于汽车安全性和操作性起到了关

项目七 智能网联汽车人机交互技术

键性的作用。无论是传统燃油汽车还是新能源汽车都离不开人来操作或使用,人机交互的工作时效性、便捷性、安全性甚至是人在操作机器时的心理愉悦感和疲劳感,都能够直接影响到汽车行驶时的安全和工作状态。另外,随着汽车智能驾驶水平的提高和商业化的落地,汽车的场景化趋势更加突出,基于不同场景的人机交互设计将满足用户更多的功能需求,如图 7-5 所示。

2. 用户为中心的设计理念和设计流程

汽车智能化程度的加深使得各功能的操作趋于复杂化,对人机交互设计带来新的挑战。智能汽车的人机交互设计必须以保证汽车安全性、提高核心功能操作效率、简化操作流程为出发点,以提升车内驾乘人员的用户体验,充分发挥汽车的功能和性能。

人机交互系统的设计主要包括需求分析阶段、调查研究阶段、系统分析规划阶段、系统设计阶段、测试阶段、人机系统的生产制造及

图 7-5 车内人机交互功能图

提交使用阶段。在整个设计过程中,通过调研和分析明确系统服务对象的特征和需求,以用户为中心展开产品规划和设计工作,包括交互方式、各部件造型和尺寸、硬件和软件等,在完成相关项目的测试后融入使用。

3. 智能化趋势对人机交互提出了更高的要求

未来智能驾驶汽车将视线基于使用场景定制化的人机交互设计。智能驾驶汽车由于操纵机构的简化,有大量空间可以释放,所以只能驾驶汽车的内部设计将被重新定义,并且向定制化、功能化的方向发展。功能的增加是智能驾驶汽车的人机交互系统有更多的发展空间,多种场景功能的实现将成为主要考虑的人机交互设计问题。

任务二　人机交互技术在智能网联汽车上的应用

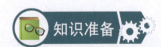

一、人机交互技术对智能汽车发展的作用

在人类感知信息的途径中,通过视觉、触觉、嗅觉和味觉获取外界信息的比例分别是 83%、11%、3.5%、1.5% 和 1%。众所周知,驾驶人在驾驶状态下,至少需要一只手操作

101

转向盘，眼睛注视前方道路。周围信息复杂并且时刻在改变，驾驶人的注意力不能长时间离开路面，汽车内部信息过多或复杂会让用户分心，从而造成危险。

为保证安全驾驶，汽车内的交互设备至少从四个方面考虑。第一方面，及时的反馈；第二方面，复杂度要低；第三方面，易于用户学习与记忆；第四方面，对用户操作的精准度要求适当。驾驶人在驾车过程中，驾驶位置空间相对开阔，驾驶人可在自身手臂范围内进行操作或者进行稍大范围的动作，但肘部悬空会带来精准操作上的困难，如果路况不佳，汽车的振动、晃动幅度就会比较大，造成驾驶人手动操作的困难。在人机交互发展中，驾驶场景更适于 HUMI 场景化设计，主要的理由有以下三个。

1）人坐在驾驶座上主要目的是开车，指向性非常明确。

2）驾驶座等于一个智能系统。人是在智能系统内的，为了安全驾驶，驾驶座实时监测用户状态是可行的。在驾驶过程中汽车可以通过摄像头知道驾驶人是谁，还可以通过各种传感器实时监测车主的疲劳和心率状态，并且在计算机视觉的帮助下，汽车可以通过用户的脸部表情实时分析驾驶人的意图并提前做出判断。这已经是人机交互系统的必选项。

3）驾驶座是一个相对固定的小环境，在行驶过程中，驾驶人与驾驶座关系是固定的。在汽车与周围环境发生信息交互，汽车可以通过各种传感器以及数据分析为驾驶人提供准确的服务。例如高精度地图及 GPS 定位系统，驾驶人在高速路段可以开启自适应巡航控制，彻底解放手脚，减缓驾驶中的疲劳。而当汽车停下来时，车内视觉传感器通过车内交互显示屏或中控屏获知汽车等待红绿灯的时间以及即将到达的停车场位置的信息，做好自动泊车系统的服务。

因此，基于以上三点，车内人机交互场景化设计，与汽车先进驾驶辅助系统的融合不仅在技术上可以降低交通事故发生率，而且降低驾驶人注意力的分散频率，真的做到保驾护航。

二、车内人机交互技术的应用

1. 图形用户界面与多点触控操作

图形用户界面是最普遍与常用的信息载体，近几年多点触控操作已经逐步被各大汽车厂商应用在汽车设计中。用户界面图形设计美观，意思表达明确，驾驶人视觉移动区域不大，而且功能集成化，便于用户理解与使用。触控界面简单，操作精度较高，不会出现误操作或不准确的现象，因此车载图形界面的设计应遵循一定的原则。主要体现在以下几点。

（1）**色彩** 仪表盘屏幕设计以深色屏幕为主，深色对用户视线的干扰程度比较低，不会引起过多关注；在配色上，应用低饱和度色彩，这是目前车载 HMI 比较普遍的色彩选择方案，高饱和度色彩可以高效引导用户操作界面，但是会造成视觉疲劳。不同功能或模式采用不同颜色，通过颜色给信息编组帮助用户理解与记忆信息。

（2）**图像与图标设计——功能可见性** 利用图像特征，让展示中的功能以及操作方式，更容易被用户找到、辨认、学习、记忆，在操作上能够模拟真实世界中的效果，自然激发用户对该功能区域模块的认知及应用。

（3）**结构与层级** 车载图形界面是多功能集合的载体，但用户接受信息的承载力以及屏幕物理尺寸都有限，再考虑用户驾驶时特殊的操作环境，所以如何组织信息、呈现信息非常重要。

项目七 智能网联汽车人机交互技术

● 小知识

举例桌面布局设计如图 7-6 所示：Android Auto 之前一直把快捷键放到屏幕底部，既增加了驾驶人的操作负担，也压缩了车载导航可视区域的高度；Google I/O 2017 上，谷歌展示的奥迪定制车把快捷键放在了左边，更靠近驾驶人的位置，方便驾驶人操作，也为信息展示与操作留出了更多空间。

图 7-6 车内图形界面图

2. 物理触感交互

汽车上最早的以物理按钮为主来实现功能的操作。随着信息化及智能化发展技术的需求，车内按键趋于触控方向发展。这些按键有序的排列以及手触的纹理、形状、质感等，会形成肌肉记忆以及操作的模式地图，按钮有固定位置以及物理性状，便于用户理解与学习。

● 小知识

随着信息化在汽车电子产品中的普及，物理触控与液晶屏幕相结合的实例，下面以奥迪 A8L 的车载中控屏为例，讲解触控交互应用。

新一代奥迪 A8L 车内配备了 7 块液晶显示屏，包括有抬头显示屏、12.5in 的全液晶仪表盘、10.3in 的中控液晶屏、中控台下方的 9.0in 液晶屏、后排中控屏、后排两块多媒体显示屏，如图 7-7 所示，车内科技感飙升，人机交互技术应用广泛。当驾驶人在行驶过程中，中控台下的两块液晶屏带有触觉及声音的交互，更加人性化的设计方便用户的安全操作。

图 7-7 奥迪 A8L 车内多媒体

3. 手势交互

多点触控技术以更直观、更直接的方式进行交互（例如上下滑动，滚动列表），不需要刻意学习，无论年龄大小、知识层次高低，都能轻松自如的进行操作。手势交互会与视觉、听觉或触觉反馈来结合使用，在三维空间中，可能存在上百种手势，不同的人对于同样的 3d 手势的理解存在差别，不像二维屏幕中的手势具有通用性，用户需要花费一定的时间来学习和了解这一系列模式，从安全性方面考虑，目前人们还不能依赖手势控制。手势交互对精准度要求不高，用户在感应器可感知范围内做出有效的手势即可。下面是几个手势的应用。

（1）Denso Gesture 随着 Leep Motion 以及 Kinect 等产品的研发与应用，越来越多的人开始思考 3d 手势的应用空间，不过目前手势交互在汽车内的应用还多在概念探索阶段，如

图7-8所示。

Chaotic Moon Studios 工作室研究，设计和开发了一款汽车内部音乐播放器，将 Leap Motion 技术与自然手势相结合，创造更安全、更愉快的音乐体验。

（2）宝马-Air Touch 概念设计　Air Touch 允许车辆中的显示器像触摸屏一样操作，如图7-9所示，而不必实际接触表面。传感器记录中控台和后视镜之间区域的手部动作，这使用户能够不直接对全景显示器表面进行操作，就可以进行简单确认、选择相关菜单项或激活图标。

图7-8　Denso Gesture

图7-9　Air Touch

（3）宝马-Holo Active Touch 概念设计　BMW Holo Active Touch 创造了一种看起来飘浮在空中的图像，并且对其进行操作时可以感受到触觉反馈，如图7-10所示。

（4）音频触觉导航环境　这是 AHNE——音频触觉导航环境的演示视频。它是一个音频触觉用户界面，允许用户在音频触觉反馈的帮助下在3D空间中定位和操作声音对象，如图7-11所示。

图7-10　宝马-Holo Active Touch

图7-11　AHNE——音频触觉导航环境感应

4. 动态交互

动态交互，根据适当的场景信息，及时有效反馈。目前对场景、环境的理解与学习、对用户数据的获取、探测、理解等都能在恰当场景呈现信息。如 HUD、内部灯光自动变暗、自动取消转向信号、疲劳驾驶提醒等。

5. 语音交互

通过语音的方式与汽车 HMI 进行交互，更加直接获得信息反馈，用户的注意力不受到

项目七　智能网联汽车人机交互技术

分散，能够全身心注视前方，保障驾驶的安全。随着车联网和智能汽车的兴起，越来越多的功能被搭载在汽车上。车载语音技术的独特优势——帮助驾驶人降低对车内设备的操作依赖，增加驾驶安全系数。车载场景相对比较私密，但是噪声相比家庭场景较高，尤其是当开窗之后风噪更大。但是因为开车时手和眼睛都被占用，语音成为交互的最佳选择，如接听电话、开关车窗、广播音乐、路线导航等语音指令，这就使得驾驶更加安全，可以更专注于路况，如图7-12所示。

语音交互在车载领域正蓬勃发展，科大讯飞、云知声等供应商的相关引擎日趋完善，在识别率进一步提升、对车内外噪声的过滤等问题最终解决后，全自然、口语化的语音交互才是技术厂商追逐的目标。

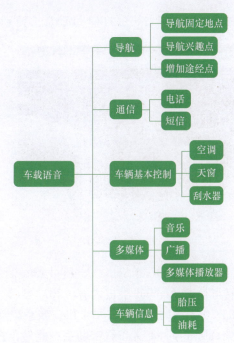

图7-12　语音交互在车载上的应用场景

三、人机交互技术在各大汽车品牌呈现百家争鸣

1. 国外 HMI 系统速览

（1）宝马 iDrive　是智能驾驶控制系统"intelligent—Drive system"的缩写．它是一种全新、简单、安全和方便的未来驾驶概念，如图7-13所示。它不再局限于传统实体按键等交互方式，开始在车内引入手势操作、语音交互、触控等新交互方式。用户可以通过手势操控特定的功能：在中控台识别区域进行"滑动"或"点击"动作就可以接听或拒听来电；食指进行圆周运动可以控制音量。在车内显示器上，它会显示主动有效的手势，并立刻对有效手势做出反馈，方便车内用户使用。此外，该系统还能通过触控和语音进行相关功能操控，为用户提供多通道融合交互的驾乘体验。

人机交互技术

（2）奥迪 MMI　奥迪的MMI多媒体人机交互系统在一个显示屏和操作系统中，巧妙地融合了所有信息娱乐部件的操作。通过精简控制器，并执行统一逻辑，MMI可以迅速、方便、直观地使用大量的功能和技术，如图7-14所示。

（3）奔驰 COMAND　COMAND（驾驶舱管理与导航设备）的所有功能按键被集中在中央面板上，1998年奔驰就有应用。目前搭载于奔驰S级和CL级的COMAND3.5，不仅融合了各种媒体信息操作，还能简单直观地控制车辆主要功能，这

图7-13　宝马 iDrive

105

一切都通过位于中央扶手的 COMAND 按钮来控制，如图 7-15 所示。

图 7-14　奥迪 MMI

图 7-15　奔驰 COMAND

（4）谷歌 Android Auto　Android Auto 旨在取代原生车载系统来运行 Android 应用与服务并访问与存取 Android 手机内容。2017 年 5 月，谷歌联合整车厂奥迪、沃尔沃发布了基于 Android7.0 系统的嵌入式安卓主机。新系统除了提供触摸屏中控和影音娱乐系统，还首次集成了 Google Assistant 人工智能助手；此外，新系统深入地接管了汽车的底层软件，可以摆脱手机独立运行，因此还具有座椅调整、车内温度调节及车窗的开合等功能，如图 7-16 所示。

（5）苹果 CarPlay　CarPlay 车载系统是苹果公司推出的一种新型产业标准，主要为其 iOS 设备能够与诸多制造商的嵌入式汽车系统共生而设计。CarPlay 把许多 iPhone 进行的操作映射到车内的中控屏上，让用户在专注驾驶的同时，还能使用导航、拨打电话、收发信息和听音乐。CarPlay 不但配备了专为驾驶场景而设计的 Siri 语音控制，还可与旋钮、按键或触屏等汽车控制装置配合使用，目前已有 200 多种型号的新车支持 CarPlay，如图 7-17 所示。

苹果 CarPlay

图 7-16　谷歌 Android Auto

图 7-17　苹果 CarPlay

2. 国内车企的 HMI 系统

（1）吉利 G-Netlink　吉利汽车于 2010 年发布"G-Netlink"，如图 7-18 所示，是基于无线通信，为驾驶人和车辆提供通信、信息咨询、安全保障、诊断维护、出行及生活便利的智能互联车载信息系统，其 3.0 版本支持 4G 在线升级。语音控制基于讯飞语音系统打造，导航功能基于高德地图车机版，支持在线音频并接入了多家资源。系统整体还是被限制在多媒体的范畴内，不能和空调等车内设备联动，也缺少手机远程控制相关的功能。

项目七 智能网联汽车人机交互技术

a) b)

图 7-18 吉利 G-Netlink

经过不断迭代，吉利于 2018 年初推出更全面的 GKUI（图 7-19）吉客智能生态系统，整合了多种互联网服务，还加入了会员体系，开始向创新的科技型企业转变。

（2）比亚迪 Carpad 2014 年，比亚迪根据车联网思维打造的多媒体系统 Carpad 首次发布，彼时基于安卓系统开发的 Carpad 几乎就是一个内置的安卓平板，可以通过外界上网卡上网，并支持大部分安卓应用，如图 7-20 所示。最新的 Carpad 系统是搭载于比亚迪秦 100 的 5.1.1 版本，使用 12.8in 竖屏，分辨率高达 1920×1080，且系统内置 4G 网卡。在界面交互上，Carpad 参照安卓手机的逻辑设计、功能菜单以及操作界面，希望以此降低用户的学习成本。在语音交互方面，比亚迪秦 100 的 Carpad 除常规的语音导航、电话外，还可以语音控制音乐电台、空调等，而且系统的语音识别能力也有很大的提高，一般的口语都能识别。

图 7-19 GKUI   图 7-20 比亚迪 Carpad

2018 年北京车展，比亚迪全新发布了 Carpad 的升级版——DiLink 系统，除尺寸和性能增进外，可以根据显示内容进行自动或手动 90°旋转，也是交互上的一大亮点。

3. 互联网公司的 HMI 系统

（1）阿里互联智行 2015 年 11 月，上汽集团与阿里巴巴集团投资成立斑马网络技术有限公司。互联智行系统是由斑马网络基于 AliOS 系统（此前名为 YunOS）研发打造的开放式互联网平台，为汽车全行业提供互联网汽车整体解决方案。互联智行支持 OTA 升级，特色功能有主副驾驶席分区语音识别、依托于大数据的情景语音判断、目的地停车场智能推送和

阿里云 OS

107

导停以及支持高达 100 人的出行组队等。依托于 AliOS 云端以及阿里内容服务，互联智行联合上汽摸索出了一套行之有效的汽车数据合作协议。

（2）百度 CarLife　CarLife 是百度在 2015 年初推出的车联网解决方案，通过手机连接车机进行映射，同时支持 iOS 和 Android 系统，具有电话、地图、音乐三项基本功能：电话服务同步手机通讯录，地图依托于强大的百度地图资源，音乐方面支持本地音乐和网易云音乐等第三方应用，如图 7-21 所示。操作方式上，CarLife 支持触屏、语音和按键旋钮三种操作方式。

CarLife 作为百度早期的车联网解决方案紧跟苹果和谷歌的步伐，但随着百度阿波罗自动驾驶平台以及 DuerOS 对话式人工智能系统的日渐成熟，百度在 2017 年 11 月的百度世界大会上推出了面向车机场景定义的人车 AI 交互系统——小度车载系统，官方宣称该系统"一次性开放了智能语音助手、人脸识别、疲劳监测、AR 导航、HMI、车家互联、智能安全七大 AI 核心能力"。

（3）腾讯 AI inCar　2017 年 11 月，腾讯宣布推出腾讯车联"AI inCar"系统，如图 7-22 所示，全面开放基于 AI 的连接能力和生态资源。广汽、长安、吉利、比亚迪、东风柳汽共五家汽车厂商成为腾讯车联的首批合作车企。AI inCar 系统并不是真正意义上的 OS，而更像一种解决方案，这种解决方案基于腾讯自有优势，包括安全、内容、社交、语音、大数据、AI 等，并根据车厂的实际需要按需输出。

图 7-21　CarLife

图 7-22　腾讯 AI inCar

【项目小结】

本项目主要介绍人机交互技术的发展及应用，在学习人机交互技术的同时，不断掌握人机交互在智能汽车上发展的趋势。要实现汽车的自动驾驶功能，必须要掌握人机交互技术的应用。

项目八
智能网联汽车信息交互技术

任务一 智能网联汽车信息交互技术的认知

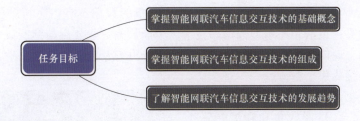

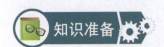

一、信息交互技术

1. 信息交互技术的定义

从智能网联汽车角度来看，信息交互技术是指人、车、路、云平台之间进行全方位连接和交互的信息通信技术。当前，借助于人、车、路、云平台之间的全方位连接和交互的信息交互技术不断发展，服务能力不断提升，催生了大量新的产品和应用，对汽车、交通的智能化与网联化水平提出了新的发展需求，引领了汽车技术与产业发展，促进了城市数字化与智能化发展。

智能网联汽车网络架构

2. 信息交互技术的组成

信息交互技术的发展聚焦网联化和智能化，并由单车智能逐步转向多车协同以及"智慧的车"与"智慧的路"协同发展，以 V2X 技术、数据平台和信息安全等为代表的信息交互技术为智能网联汽车智能化、网联化、电动化、共享化发展提供了坚实的技术基础。

109

（1）V2X 技术　V2X 技术是一种车辆交通环境的无线通信技术，是道路和车辆与系统内对其有影响的其他事物进行信息交互的多种路侧和车载通信技术的统称，旨在加强交通系统的管理，提高车辆行驶安全性和便利性，是一种全新概念的智能交通系统。图 8-1 为 V2X 技术示意图。

图 8-1　V2X 技术示意图

V2X 技术借助车与车，车与路侧基础设施，车与路人之间的无线通信，实时感知车辆周边状况进行及时预警，成为当前世界各国解决道路安全问题的一个研究热点。根据美国交通部提供的数据，V2V 技术可帮助预防 80% 各类交通事故的发生。与自动驾驶技术中常用的摄像头或激光雷达传感器相比，V2X 拥有更广的使用范围，它具有突破视觉死角和跨越遮挡物的信息获取能力，同时可以和其他车辆及设施共享实时驾驶状态信息，还可以通过预判算法产生预测信息。另外，V2X 是唯一不受天气状况影响的车用传感技术，无论雨、雾或强光照射都不会影响其正常工作。此外，在传统智能汽车信息交换共享和环境感知的功能外，V2X 还强调了"智能决策""协同控制和执行"功能，以强大的后台数据分析、决策、调度服务系统为基础。

（2）数据云平台　智能汽车中会不断地产生大量的数据，有汽车行驶的性能数据，有信息传递的数据等，包括非关系型数据库技术、车辆数据关联分析与挖掘技术等。云平台能够为未来的协同交通体系提供统一的数据采集、智能决策及控制执行等基础支撑，继而将整个车联网要素连接成一个整体。

为解决大数据和云平台的问题，宝马建立了自己的 IT 平台 D3 是收集和利用宝马自动驾驶汽车数据的基础。D3 平台的推出，是宝马高度自动化驾驶道路上的一个重要里程碑。宝马多年来一直在使用数据驱动研发的方法，基本原理就是在现实世界中收集大量数据进行分析，以确保自动驾驶的车能够应对各种复杂的路况，这意味着自动驾驶的众多算法和整体运行都要通过庞大的数据库进行验证。图 8-2 为 D3 的计算平台。

图 8-2　D3 的计算平台

（3）信息安全　随着智能化和网联化的快速发展，传统的汽车领域面临着数据隐私泄漏、网络破解攻击等信息安全问题（图 8-3），而这些新问题则通过对于传统汽车功能安全的影响进一步危及人、车、路和环境。车路高度协同、完全自主可控的自动驾驶汽车系统目前还只存在于仿真环境和示范区展示中。从网络安全层面观察，具备自动驾驶功能的汽车，网联化与智能化程度较高，此时黑客具备更多的攻击入口，一旦通过组合攻击链获得总线的控制权，智能车辆将变成危及智能交通和智慧城市的武器。因此这一块的研究在未来是重中之重，因为汽车的安全涉及整个交通系统的安全和城市的安全。

项目八　智能网联汽车信息交互技术

图 8-3　信息安全问题

智能网联汽车信息安全包括车载终端信息安全技术、手持终端信息安全技术、路侧终端汽车安全技术等。这些技术共同构建了智能车辆的信息安全架构和车路云协同的车联网安全监控体系，形成了完整的智能网联汽车信息安全技术体系，丰富和发展了汽车智能安全的内涵和外延。

二、信息交互技术未来的发展趋势

1. 智能交通

早在 20 世纪 60 年代，美国、欧洲、日本就已经开始了针对 ITS 的研究和建设，但是真正的智能交通系统在实施层面一直停滞不前。近年来，信息交互技术和智能技术的发展使得智能交通系统的实现成为可能。

（1）网络互联技术　移动互联网、车联网技术可以解决汽车内部各系统、汽车与人、汽车与环境之间的协同交互问题。例如高速无线移动技术的发展，为实现智能交通提供了基础条件；车联网更是将汽车作为信息网络中的节点，通过无线通信等手段实现人、车、路及环境的协同交互，构建智能交通系统。未来，基于移动通信技术演进形成的车联网（LTE-V2X）以及 5G 网络技术（图 8-4）条件下的车联网（5G-V2X）等先进车用无线通信技术，将会为智能汽车提供超低延时、超高可靠、超大宽带的无线通信能力。技术将"人—车—路—云"等交通参与要素有机地联系在一起，构建出全新的网状智能交通系统。

（2）人工智能与云计算技术　人工智能和高级机器学习技术的应用，衍生出一系列创新的智能系统，提升了智能汽车、周边设备、应用和服务等数据处理能力，并构建了更加完善的城市交通信息系统。在大数据和云计算技术的支持下，可以建立复杂场景下的多维交通信息综合大数据应用平台，将出行过程中产生的数据结构化处理，这有助于实现智能化交通疏导和综合运行协调，并最终建成跨交通工具的智能交通和服务系统。

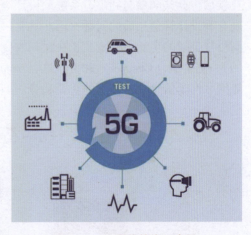

图 8-4　5G 网络技术示意图

2. 多学科多领域的系统设计

汽车首先解决的是人的出行问题。进入 21 世纪以来，全球汽车保有量快速增长，交通拥堵、环境污染、交通事故等问题层出不穷；道路基础设施面临升级换代问题。从交通工具的角度看，未来的出行设计涉及汽车、火车、飞机、人力交通工具等不同的对象。从产业的角度看，汽车行业参与者的背景日益复杂。目前，除了传统的汽车制造企业以外，以汽车零部件供应商、互联网企业为代表的高科技企业也在试图开发智能网联汽车信息交互技术。在这样的背景下，仅仅依赖汽车产业在产品层面的设计和创新是远远不够的，需要多领域、多专业、多部门从整个交通系统层面来重新定义智能网联汽车的整体设计。

从设计本身的角度看，汽车设计逐渐从目前的产品设计转向系统设计。在家电、互联网、通信等行业，产品设计已经开始被放在一个更大的系统（如人机系统、商业生态系统）中展开，单一产品设计的情境日益减少，汽车行业也不例外。美国 Ford 在 2015 年就以汽车人机交互设计为基础，成立了 Ford 用户体验部。该部门的成立，反映了汽车设计从单一设计向着系统设计方向发展。正如著名汽车设计公司 Italdesign 的首席执行官 Joerg Astalosch 所说，"如今，汽车是愈加广泛的生态系统的一部分，如果想要设计未来的城市车辆，传统汽车不能单独作为超大型城市交通的解决方案，还必须考虑到可持续发展的要求以及智能化的基础设施、手机 APP、电力系统、城市规划、社会伦理层面等各个要素。"在智能交通系统的背景下，未来的设计对象不再是单一的汽车产品，而是人、交通工具、基础设施、城市和环境等所构成的一个整体的跨交通工具的无缝出行交通系统。例如在丹麦首都哥本哈根的交通系统中，汽车用于长途出行，公交车和自行车用于日常通勤，并通过完善城市规划、交通设施以及网络系统等，构成了一个高效的跨交通工具的出行系统。

从设计对象的角度看，未来智能汽车的设计从单一产品转变到出行系统。因此，未来智能汽车的设计也会转变为多学科、多领域的系统设计。从设计理论看，系统设计方法（SDM）是设计研究和人机工程学早期的方法，经常使用于复杂产品的设计，如宇宙飞船、导弹等军事领域产品。未来的交通系统显然是一个更为复杂的系统，因此，系统设计将成为最有可能的设计方法来解决未来以汽车为核心的交通系统设计问题。从参与学科和领域的角度看，机械、车辆工程、工业设计、交通运输工程、信息科学与工程、城市规划等不同的专业领域将会共同参与到出行系统的设计当中。跨领域、跨学科的系统设计方法可以解决学科融合和设计管理层面的问题，因此具有一定的优势。从设计实践看，以互联网企业为代表的高科技公司的全新设计范式正在深刻改变着汽车行业的整车设计开发流程，"更快速（Faster）、更价廉（Cheaper）和更精准（Smarter）"的设计理念即将成为行业的主流，这也是智能网联汽车信息交互技术的重要趋势。

任务二　V2X 技术在智能网联汽车上的应用

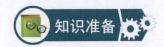

V2X 无线通信技术旨在将"人—车—路—云"等交通参与要素有机地联系在一起，不仅可以为交通安全和效率类应用提供通信基础，还可以将车辆与其他车辆、行人、路侧设施等交通元素有机结合，弥补了单车智能的不足，推动了协同式应用服务发展。

一、V2X 技术的关键组成

V2X 技术作为智能网联汽车通信技术的核心，强调车辆自身和外界事物之间的信息交换。V2X 技术的关键组成有以下几个方面。

1. V2V

V2V 即车辆自身与其他车辆之间的信息交换，如图 8-5 所示。车辆自身与外界车辆之间的信息交换内容，主要包括以下几点。

V2X

1）当前本体车辆的行驶速度与附近范围内车辆的行驶速度进行信息内容的交换。

2）当前本体车辆的行驶方向与附近范围内车辆的行驶方向进行信息内容的交换。

3）当前本体车辆紧急状况与附近范围内车辆的行驶状况进行信息内容的交换。

2. V2I

V2I 即车辆自身与基础设施之间的信息交换，如图 8-6 所示。基础设施主要包括红绿灯、公交站台、交通指示牌、立交桥、隧道、停车场等。车辆自身与基础设施之间的信息交换内容，主要包括以下几点。

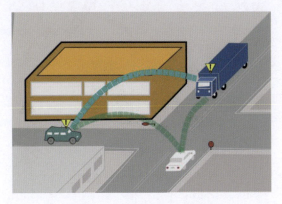

图 8-5　V2V 技术示意图

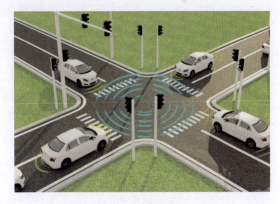

图 8-6　V2I 技术示意图

1）车辆的行驶状态与前方红绿灯的实际状况进行信息内容的交换。

2）车辆的行驶状态与途经公交站台的实际情况进行信息内容的交换。

3）车辆当前行驶的方向和速度与前方交通标志牌所提示的内容进行信息上的交换。

4）车辆的行驶状态与前方立交桥或隧道的监控情况进行信息内容的交换。

5）车辆的导航目的地与停车场空位情况进行信息内容的交换。

3. V2P

V2P 即车辆自身与外界行人之间的信息交换,如图 8-7 所示。车辆自身与外界行人之间的信息交换内容,主要包括以下几点。

1) 车辆自身的行驶速度与行人当前位置进行信息内容的交换。
2) 车辆自身的行驶方向与行人当前位置进行信息内容的交换。

4. V2R

V2R 即车辆自身与道路之间的信息交换,如图 8-8 所示。按照道路的特殊性而言,V2R 又可分为两大类型,一类是车辆自身与城市道路之间的信息交换;另一类是车辆自身与高速道路之间的信息交换。车辆自身与道路之间的信息交换内容,主要包括以下几点。

图 8-7　V2P 技术示意图

图 8-8　V2R 技术示意图

1) 车辆自身的行驶路线与道路当前路况进行信息内容的交换。
2) 车辆自身的行驶方向与前方道路发生的事故进行信息内容的交换。
3) 车辆行驶的导航信息与道路前方的路标牌进行信息内容的交换。

5. V2N

V2N 即车辆自身或驾驶人与互联网之间的信息交换,如图 8-9 所示。车辆驾驶人与互联网之间的信息交换,主要包括:车辆驾驶人通过车载终端系统向互联网发送需求,从而进行诸如娱乐应用、新闻资讯、车载通信等;车辆驾驶人通过应用软件可及时从互联网上获取车辆的防盗信息。车辆自身与互联网之间的信息交换,主要包括以下几点。

图 8-9　V2N 技术示意图

1) 车辆自身的行驶信息和传感器数据与互联网分析的大数据结果进行信息内容的交换。
2) 车辆终端系统与互联网上的资源进行信息内容的交换。
3) 车辆自身的故障系统与互联网远程求助系统进行信息内容的交换。

二、V2X 技术的应用场景

V2X 技术代表了解决现有交通问题的一种可能,交换后的信息经过不断处理优化可整体提升交通效率,减少车辆事故。目前来看,主要的应用场景有以下几个方面。

1. 红绿灯车速引导

红绿灯车速引导是根据红绿灯的状态和剩余时长,通用的 V2X 系统计算出应该以怎样的速度就能保证平顺准确地通过红绿灯,不仅当前方有大型车辆遮蔽时我们依然能够"看到"红绿灯的状态,极为精准的驾驶建议能让车辆以为平顺和节能的状态跑完全程。如图 8-10 所示,车辆提示"红绿灯剩余 6s,建议车速 45km/h"。

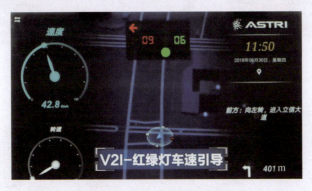

移动通信技术介绍

图 8-10 红绿灯车速引导

2. 交叉口防碰撞预警

在事故多发的交叉路口,如果车主能够提前获知其他车辆的状态信息,那么就可以及时做出应对措施,避免发生意外。要实现这一目标,就要用到 V2V 技术,也就是让汽车之间建立联系。未来的车辆需通过安装最新的防碰撞程序来使车辆提前"通信"以减少安全事故的发生。如图 8-11 所示,在多辆车同时要通过交叉路口时,车辆间会进行相互提醒。

3. 电子交通标志

得益于 V2I 技术,车辆可以从路侧接收红绿灯、电子交通标志等信息。丰富的信息为车辆驾驶人做出更好选择提供了帮助。如图 8-12 所示,通过 V2I 技术及时将限速标志信息传输给车辆,并对驾驶人进行相应的提醒。

图 8-11 交叉路口防碰撞预警　　　　　图 8-12 电子交通标志

4. 行人、非机动车

V2P 主要实现保障行人以及非机动车安全的功能。车辆感知行人的方法很多,除了比较直观的摄像机和各种传感器外,信息互联也是一种最有效的办法。比如行人使用的终端,如手机、平板、可穿戴设备等,都可以实现人与车辆的互联。未来车辆将及时避让行人(图 8-13),避让非机动车(图 8-14),保障了彼此间的安全。

图8-13 车辆避让行人

图8-14 车辆避让非机动车

5. 绿波通行

所谓"绿波"通行，是指主干道上的车流依次到达前方各交叉口时，均会遇上绿灯这种"绿波"交通，减少车辆在交叉口的停歇，提高了平均行车速度和通行能力。如图8-15所示，当车辆通行速度为绿波速度60km/h时，车辆便可"绿波"通行。

图8-15 绿波通行

任务三　数据云平台在智能网联汽车上的应用

知识准备

车路协同将产生大量数据和数据处理业务，汽车数据云平台将在其中发挥重要作用。汽车数据云平台包含了公有云、私有云、混合云的行业优势，提供一体化运维平台（织云）、微服务平台（TSF）及物联网平台，为数据清洗、管理、分析提供有效的技术支持，从而打造出车联网、生产制造、用户管理、运营支撑、经销商管理系统等，全面支持车路协同系统的完善。

一、智能网联汽车大数据及其特征

随着传感器技术和数据分析、人工智能技术的快速发展，除汽车上的总线数据外，由各种车载传感器（如摄像头、雷达等）采集的驾驶环境数据，路边基础设施传感器（如监控摄像头等）采集的交通和道路数据以及其他环境数据（如天气、城市交通状况等），也将在智能网联汽车大数据中扮演越来越重要的角色，组成未来的智能网联汽车数据。

智能网联汽车数据完全符合定义"大数据"的4V特征，因此我们可以称之为智能网联汽车大数据。智能网联汽车大数据的4V特征如下。

（1）数据量巨大（Volume）　各类车辆数据和道路交通数据是车联网传输的主题，是实现车联网应用的基础。城市交通系统中车辆众多，随着传感器种类的快速增长和车联网应用的不断拓展，在车辆之间、车辆和道路之间传输的车联网数据总规模将极为巨大。

（2）数据类型多样（Variety）　车联网数据来源广泛，既包括车辆总线和GPS数据，也将包括多种车载传感器、道路传感器数据及其他数据（如增值服务数据等），导致数据类型多样，具有多维度、多层次、机构化与非结构化并存等特点。

（3）数据高速生成（Velocity）　因为直接关系到道路交通安全，车联网应用对数据的生成、传输、处理的实时性需求极高。大量传感器快速采集各种环境信息，并在车联网中完成共享。这将导致在城市路网或高峰时段，数据可以呈爆发式增长，对实时数据处理提出巨大挑战。

（4）数据价值高（Value）　由于以上三点特征，车联网数据往往难以直接处理，且价值密度低，但其蕴含的应用价值总量极高。从道路安全、交通管理、商业应用等角度，车联网数据中的各个部分都能够成为极具价值的资源。

二、数据云平台的作用

数据云平台是由成千上万台实体服务器组成的资源池。在这个资源池中，底层的服务器、网络、存储、带宽、虚拟化技术都由供应商建设并实现，普通用户只需要向这个资源池申请相应资源使用即可。数据云平台对自动驾驶主要有以下几方面作用。

1. 数据共享

智能网联汽车在正常行驶时，可实时把自身的行驶参数（速度、是否转弯、变道等）上传到云端共享给其他车辆或四周行人，便于这些交通参与者有一个合理预期，提前做出预判，提高交通效率与安全性。另外，自动驾驶车辆还可以把一些例如车祸、道路改造等道路信息上传到云端，然后共享给其他车辆。运用数据云平台在车辆之间、车辆与道路之间共享传感器数据（图8-16），且运用大数据和人工智能技术对海量车辆和环境数据进行高效融合和分析处理，不仅能够实现车辆对驾驶环境的精确感知和理解，也能够针对变化的驾驶环境完成对车辆的最优主动控制，达到更高的安全性能。

2. 远程调度

上面提到的道路信息，云平台获取到后可以调度其他车辆避开；对于一些特殊的场景，云平台介入调度后将大大提高运行效率，例如：拉链式通行。这种场景（图8-17）如果只靠单车智能可能会实现，但算法非常复杂。但利用云平台可以在类似的路口设立一个规则，统一调度车辆通行。

图8-16　智能网联汽车数据共享

图 8-17　交叉路口拉链式通行　　　　图 8-18　智能网联汽车的数据云平台

3. 降低单车成本

自动驾驶汽车车身传感器会实时产生大量数据，包括数值型数据（如 GPS/INS 数据、毫米波雷达传感器数据）和多媒体数据（如摄像头图像），这是一个 N 维的数据，实时更新可达百万量级；产生数据后，需要存储和计算，并且越是复杂的数据对存储设备和处理的计算单元性能要求就越高，性能越高的器件当然价格就越贵。而通过数据云平台（图 8-18），可以把这些数据实时上传并直接在云端处理，然后再对车端下发指令。所有的复杂计算都在云端完成后，车端对计算硬件的要求就会大大降低，比如说以前用 5 万元的计算单元，现在可能只需要用 2 万的就能满足需求。但是有个前提条件，实时数据的上传和控制指令的下发对时延要求特别苛刻，需要 5G 技术的支持。

任务四　智能网联汽车的信息安全

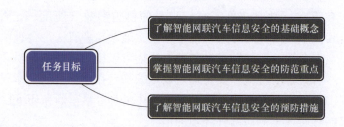

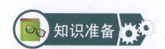

作为万物互联的重要节点，汽车从独立的机械个体"变身"为功能超强的移动终端，但随之而来的安全隐患也日益凸显。信息安全形势紧迫，需要在车载终端安全、数据交互安全、平台信息安全和隐私保护等方面开展关键技术攻关及产品研制，形成全链条的综合安全体系。

一、信息安全威胁的分类

信息安全属性包括机密性、完整性、可用性、可认证性和可审计性。有的威胁针对车载终端的机密性，收集用户数据，导致隐私泄露；有的威胁破坏完整性，有的甚至同时破坏信息安全几个属性。按照对车载终端信息安全属性的破坏，对信息安全威胁可分为以下几类。

1. 窃听

最基本的威胁，是其他攻击方式的基础。车载终端与云端的连接用来传输用户大量隐私数据，例如行车数据、车辆状态信息等会在网络中被嗅探。对于车内网络，当车载终端接入到汽车后，CAN总线上明文传输的各种控制指令和系统信息被攻击者窃听的风险增加。攻击者一旦获取的车载智能终端的控制权，很容易获取所连接总线上传输的信息。

2. 伪造

由于缺少对数据的认证，攻击者可以向车载终端注入感染病毒的代码或者可能导致的代码，或者未授权的指令，对车载终端操作系统、应用和车内ECU进行任意操作。

3. 阻断

云端向汽车发送的信息和指令，可能被攻击者在网络层面进行干扰，而不能正常到达车载终端。而车载终端一旦被非法控制，攻击者可以屏蔽CAN网络的通信网关转发的信息，从而实施对车内电子电气系统的阻断攻击。

4. 篡改

篡改攻击是组合了窃听、阻断和伪造等多种方式，形成的比较复杂的攻击。攻击既可以篡改车辆驾驶人从云端接收的如行车路线等相关数据，也可能是从车内各ECU回送的状态信息，影响驾驶人的正常判断和操作；或者将车辆驾驶人向ECU发送的指令进行修改，干扰车辆正常行驶。其后果都十分严重。

5. 拒绝服务

恶意攻击者通过控制车载终端，向其所连接的总线网络发送大量伪造的数据包，占领总线资源，从而导致ECU拒绝服务。这是针对可用性的常见攻击方式。

6. 重放

缺少对所收到消息的时效性的验证，使利用重放攻击而导致的汽车安全事件屡屡发生。攻击者通过窃听获得重要的消息，并在自己需要的时候，再次发送，从而进行非授权的任意操作。

二、信息安全的防范重点

随着车载终端处理能力的发展，其功能也将T-Box和Infotainment进行了融合。车载终端本身代码量的增加，与车辆电子电气系统的网络连通，与云端信息的交互，终端升级机制的简化，这些车载终端发展的趋势以及威胁的特点、威胁发生的位置等因素决定了围绕车载终端和针对其自身的安全机制的使用和安全防范的重点。应在车载终端设计开发的过程中，使用科学的方法，实现真正的安全措施实施。

1. 加强车载终端文件系统完整性校验

采用完整性校验手段对关键代码或文件进行完整性保护。例如，在硬件的特殊分区中，保存一份当前操作系统的指纹信息，定期对指纹信息进行校验，确认操作系统关键文件未被修改。

车载智能终端硬件安全引导应提供安全机制，保证只能加载可信的车载操作系统内核组件。例如，操作系统的镜像需要进行厂商签名。在车载系统启动时，需要进行签名验证，以发现对操作系统内核的非法篡改。

2. 与云端通信的信道安全

车载终端与外部通信，应保证所使用的信道安全。例如，使用支持网络侧和终端侧双向鉴权的 SIM 解决方案，并且在基带处理中，增加对伪识别分析的能力，拒绝接入伪基站。在车载终端和 TSP 平台建立相应的 VPN/VPDN/专用 APN 等，使车联网系统使用相对的专用网络，利用加密机制和完整性校验等技术手段，对抗窃听、伪造等多种攻击。同时，加强云端服务器安全，严格访问控制策略，加强用户权限设置管理，对口令强度采取必要要求，定期漏洞修补，从而保证平台侧安全。

3. 车内安全域隔离和访问控制

车载终端与车内各电子电气系统划分安全域，每个安全域有只属于自己的，不能伪造的标识，并通过相应的密钥对所传输的数据进行加密和完整性保护。增加独立的安全通信模块，内置集成高性能密码安全芯片和安全操作系统，负责密钥管理。必要时，在车载终端与车内电子电气系统总线之间添加串行防火墙，对车载终端传送到各 ECU 的指令进行检查，满足安全性要求再传递。

车载终端自身内核强制访问控制：对用户（或其他主体）与文件（或其他客体）标记固定的安全属性（如安全级、访问权限等），在每次访问发生时，系统检测安全属性，确定用户是否有权访问该文件。

4. 车载终端应用程序安全

必须对应用程序在运行过程中使用的文件访问权限进行控制。对于使用客户端数据库存储数据的车载终端，应限制数据库访问权限。敏感信息需采用安全方式，包括计算哈希值、对称加密、非对称加密等技术手段。

应用程序自身应采取加壳、代码混淆等适用的对抗逆向安全分析方法的保护，防止攻击者查找系统漏洞加以利用。

对于程序所收集、产生的用户数据应通过计算哈希值方式进行保护时，应在计算的源数据中加入随机数据，防止敏感信息的哈希值被重放利用。使用对称加密、非对称加密等加密算法对敏感信息进行保护时，应使用健壮的加密算法，并使用足够长度的加密密钥。

5. 终端升级的安全机制

车载终端对更新请求应具备自我检查能力，车载操作系统在更新自身分区或向其他设备传输更新文件和更新命令的时候，应能够及时声明自己的身份和权限。升级操作应能正确验证服务器身份，识别出伪造的服务器，或者是高风险的链接链路。升级包在传输过程中，通过报文签名和加密，防篡改和伪造。

6. 加强安全审计安全

车载终端应具备记录所有用户访问日志的功能，便于进行适当的审计和监控。在完成安装时应开始记录所有用户（特别是具有管理权限的用户）的访问。车载终端的日志记录功能应能自动启动，并将日志文件定向到统一的外部服务器，便于审计。

在车内电子电气系统总线上也应增加入侵检测功能的模块，对各类信息进行监控，特别是从对外开放的车载终端传入的数据，如有异常立即报警。

三、信息安全的应对之策

如何破解智能网联汽车时代的安全问题呢？2018 年 7 月，中国信息通信研究院安全研究所发布报告指出,智能网联汽车信息安全涉及个人安全、公共安全和国家安全三个方面,因其技术融合度高、产业链长、标准建设滞后等原因,监管难度较大,亟待建立层次分明、权责清晰、技管结合、跨部门跨领域多方共治的协同安全监管体系。

1. 安全威胁升级

车联网是借助新一代信息通信技术,实现车、人、路、网、平台等全方位网络连接和信息交互,实现智能动态信息服务、汽车智能化控制、智能化交通运输管理的信息物理系统。

随着车联网安全威胁升级,安全问题由单一车辆财产安全向公共安全蔓延,影响面逐渐扩大,涉及个人安全、公共安全,甚至是国家安全。

对个人安全的威胁,主要包括三个方面。一是个人信息泄露,车联网实现了用户线上和线下生活的有机结合,相关数据既涵盖了与车辆安全运行关联的数据,也包括用户数据、车联网应用服务数据等,这些信息相结合几乎可以得出个人"全息"图谱;二是非法操控,如果车辆或车联网平台被黑客非法入侵,就可能面临车辆被远程解锁、开车门、起动,甚至转向系统、动力系统被控制等现象,造成车辆行驶安全事故或车辆被盗;三是拒绝服务,比如,黑客对平台端的服务器发起 DDoS 攻击造成平台网联功能(如车辆信息上传、远程控制以及请求服务等)受限或无法使用。

对公共安全的威胁主要体现在,车联网在极大增强应用功能、改善用户体验、促进智慧城市和智能交通管理的同时,使得车辆、基础设施或服务平台可能会受到 DDoS 攻击或基于漏洞的网络攻击,从而面临拒绝服务或控制权被恶意操控等威胁,造成大面积交通混乱,威胁公共安全。

此外,车联网使用的各类传感器和高精度导航及定位系统,在满足车联网相关应用的同时,也为实现对联网汽车的远程监控提供了手段,如果安全防御措施不到位,就可能为黑客发起对特定目标的间谍活动或网络战提供基础和条件,进而威胁国家安全。

2. 监管体系亟待健全

安全问题的防范和解决离不开监管体系的健全。"由于车联网技术融合度高,物理安全、功能安全与网络安全交织,安全监管机制面临挑战。"车联网涵盖了传统车辆生产制造、芯片、软件、传感器、联网通信等,相对传统互联网,对技术本身和跨界整合集成等要求更高,因此,当前分行业、分领域的车联网安全监管机制面临挑战。

其次,车联网产业链条长,安全监管职责和边界划分等尚待明确。车联网产业链跨越了汽车、电子、通信、交通、车辆管理等多个行业和领域,涉及车辆上路前关键部件和设备准入、质量安全审查与认证,车辆上路运营后的道路和交通安全管理、安全事故责任认定以及车辆联网通信和应用服务安全等管理职责。从监管主体来看,国家发改委、工信部、交通运输部、公安部、国家密码管理局等多个主管部门分别履行相应职责,但当前各部门监管职责仍不清晰,监管内容存在交叉或重复,监管边界不明确,有些领域"九龙治水"现象突出。

再者,车联网应用自主发展挑战大,监管难度大。车联网的 ADAS、传感及雷达、射频识别、高端传感器芯片等领域相关产业长期由国外主导,外资企业依托既有优势正加速向中国市场渗透,国内企业自主发展的挑战较大,相应的安全风险加剧。车联网发展涉及国计民生,不能走先发展后治理的监管路径,需同步推进发展与安全。

此外,车联网安全法规政策及标准建设相对滞后,安全工作推进仍需提升系统性和全局性。当前,各个车联网安全管理部门均在各自工作基础上开展工作,尚未从法规、政策等层面形成顶层设计。同时，车联网安全标准建设相对滞后，虽然印发了部分信息安全标准，但整体缺乏统一性、系统性和全局性，且一些急需标准仍处于启动和研究阶段，与实现标准的规范引导作用还有距离。

3. 多方共治协同监管

安全是车联网发展的重要前提和保障，急需建立层次分明、权责清晰、技管结合、跨部门跨领域多方共治的协同安全监管体系。

一是创新车联网安全监管机制。充分参考和借鉴相关行业已有监管经验，如金融行业建立的机构监管、功能监管和行为监管相结合的监管机制，研究监管难点，梳理各监管主体及相互关系，进一步完善顶层设计，创新监管机制，有效引导和规范车联网行业健康发展。

二是建立车联网安全监管责任体系。在新一轮车联网发展布局的关键节点，我国需加快明确政府安全监管职责，明确车联网供应链各方企业的管理责任，将相关安全责任落实到上线前、运营使用中和事后追责等生命周期的各个环节，并建立配套的网络安全定期检查、考核等机制，加大安全监管力度。

三是出台政策制度、推动急需标准研制。从国家层面统筹制定车联网安全保障战略、行动计划、建设指南等重大政策或指导性文件，明确车联网安全防护工作定位、目标和措施，建设车联网安全标准体系，推进一批急需标准规范制定，如关键联网设备安全、安全认证、数据安全及隐私保护、关键设备和系统评估评测、检测认证等。

四是建立协调联动、多方共治的车联网安全监管体系。在监管过程中，除了联合和协调各行业主管部门和各级政府，还需整合企业、联盟协会、用户和社会民众的力量，从监管机制体制、法规制度、标准规范、技术支撑和手段建设等方面，多方共治，共同促进车联网安全健康发展。

【项目小结】

本项目主要讲解了智能网联汽车上信息交互技术的定义、信息交互技术的组成、V2X技术、数据云平台和信息安全，通过学习能够掌握信息交互技术的组成，明确V2X技术、数据云平台和信息安全的应用场景及相关技术要求，很好地了解智能网联汽车信息交互技术的发展及未来。

参 考 文 献

［1］中国汽车工程学会，天津智能网联汽车产业研究院. 中国智能网联汽车产业发展报告（2018）［M］. 北京：社会科学文献出版社，2018.

［2］王世峰，赵馨，孟颖，等. 基于人工智能的无人驾驶车辆路面识别技术［M］. 北京：机械工业出版社，2018.

［3］崔胜民，俞天一，王赵辉. 智能网联汽车先进驾驶辅助系统关键技术［M］. 北京：化学工业出版社，2019.

［4］李妙然，邹德伟. 智能网联汽车技术概论［M］. 北京：机械工业出版社，2019.

［5］中国信息通信研究院. 车联网网络安全白皮书（2017）［M］. 北京：机械工业出版社，2017.

"十四五"职业教育国家规划教材

职业教育汽车类专业"互联网+"创新教材

智能网联汽车概论实训工单

主　编　孙慧芝　张潇月
副主编　赵卫健　杨效军　盛鹏程
参　编　杨洪涛　刘本超
　　　　孙春玲　刘福海
主　审　王建良

机械工业出版社

目　　录

实训工单一　认知智能网联汽车……………………………………………… 1

实训工单二　认知智能网联汽车相关技术……………………………………… 8

实训工单三　认知智能网联汽车环境感知技术 ……………………………… 15

实训工单四　认知智能网联汽车高精度地图与定位技术 …………………… 23

实训工单五　认知智能网联汽车智能决策技术 ……………………………… 29

实训工单六　认知智能网联汽车控制执行技术 ……………………………… 36

实训工单七　认知智能网联汽车人机交互技术 ……………………………… 41

实训工单八　认知智能网联汽车信息交互技术 ……………………………… 47

实训工单一
认知智能网联汽车

学　　院		专　　业	
姓　　名		学　　号	
小组成员		组长姓名	

实训目标
1. 能够依据接待要求，结合客户的需求，独立完成接待前物料的准备工作。
2. 能够结合客户的故障现象，根据维修手册初步判断故障范围。
3. 能够根据故障现象，根据维修手册操作规定，制订车辆的维修方案。
4. 能够根据信息采集，使用专用设备工具，与他人合作规范完成车辆检修工作。

一、接受工作任务	成绩：

　　汽车服务站新接收了一辆待维修车辆，据车主反映，车载网络无法与外界进行信息传输，技师李师傅首先委派学徒工小王对该车的车载网络系统及相关部件进行检查，要求小王对车载网络系统的损坏、系统部件的信息传输等情况进行记录。

二、信息收集	成绩：

　　1）客户信息登记：进店时间：＿＿＿＿月＿＿＿＿日＿＿＿＿时，客户：＿＿＿＿＿＿＿＿，电话：＿＿＿＿＿＿＿＿。
　　2）客户车辆登记：车型：＿＿＿＿＿＿＿＿＿＿，车牌号码：＿＿＿＿＿＿＿＿＿＿，车辆的 VIN 码：＿＿＿＿＿＿＿＿＿＿＿＿＿＿＿＿＿＿。
　　3）车辆进店时里程数：＿＿＿＿＿＿＿＿，油量/电量：＿＿＿＿＿＿＿＿，车上故障灯：□无　□有（说明并备注一下）。
　　4）车辆外观检查情况：剐蹭痕迹：□无　□有（有的话标注在车辆登记表格中加以说明）。
　　5）车辆进店维修内容：＿＿。
　　6）查找本车的维修手册：＿＿＿册，版本是：＿＿＿＿＿＿。
　　7）本车维修时：□单人进行　□双人进行　□需要技术支持协助完成。
　　8）本车车载网络系统原理图完整情况：□完整　□不完整（若不完整，原因是：＿＿＿＿＿＿＿＿＿＿）。
　　9）本次维修所用仪器设备准备情况：□齐全　□不齐全（若不齐全，原因是：＿＿＿＿＿＿＿＿＿＿）。

10）本次维修需要的时长为 _____ 。

11）本次维修后需要提供给客户的资料有：_____

_____ 。

12）本次维修后车辆清洗情况：□需要清洗　□不需清洗。

三、制订计划　　　　　　　　　　成绩：

1）根据智能网联汽车车载网络系统检测规范及要求，制订智能网联汽车系统的认知实训计划。

操作流程		
序　号	作 业 项 目	操 作 要 点
计划审核	审核意见： 　　　　　　　　　　　　　　　　　年　月　日　签字：	

2）根据维修作业计划，完成小组成员任务分工。

操 作 人		记 录 员	
监 护 人		展 示 员	
作业注意事项			

① 实训开始前应摘掉各类饰品，换上实训服，长头发应挽起固定于脑后。
② 整车实训时确保点火开关处于 Lock 位置，操作另有要求除外。
③ 就车工作时，应施加驻车制动，除非特定操作要求置于其他档位。
④ 举升车辆时按照规范进行，避免发生意外事故。
⑤ 工具使用后，应清洁并归还原处。

检测设备、工具、材料			
序　号	名　称	数　量	清　点
			□已清点
			□已清点
			□已清点
			□已清点
			□已清点

四、计划实施	成绩：

1. 完成智能网联汽车维修作业前检查及车辆防护，并记录信息

① 维修作业前车辆检查。

作业内容：

作业结果：

② 维修作业前遥控器的检查。

作业内容：

作业结果：

③ 维修作业前远程遥控器的检查。

作业内容：

作业结果：

④ 维修作业前总急停遥控器的检查。

作业内容：

作业结果：

2. 检查底盘系统组成部件

	外观	□正常	□破损	□脏污	
底盘	可用供电接口	□正常	□退针	□破损	□脏污
	锂离子蓄电池组	□正常	□退针	□破损	□脏污
	CAN 通信接口	□正常	□退针	□破损	□脏污

3. 检查底盘系统装调台架

装调台架	外观	☐正常	☐破损		☐脏污
	高精度滑轨	☐正常	☐退针	☐破损	☐脏污
	综合智能开关	☐正常	☐退针	☐破损	☐脏污

4. 装调总线线束

名 称	位 置	装调标准
交换机		
AGX		
路由器		
控制器		

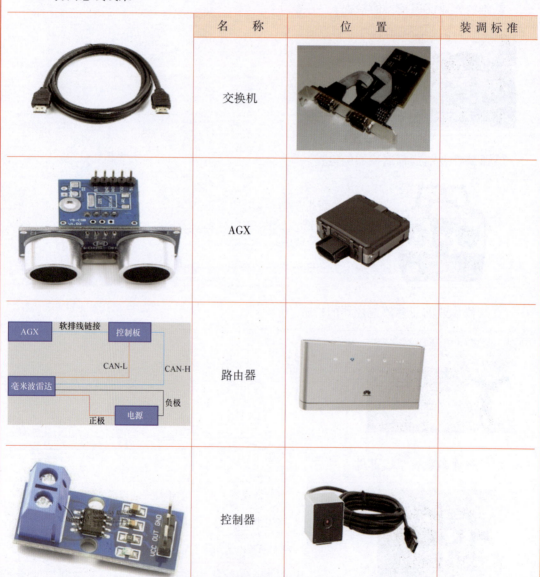

5. 连接、检查线束

	电源线束	外观	□正常　□破损　□脏污
	网络线束	外观	□正常　□破损　□脏污
	通信线束	外观	□正常　□破损　□脏污
	其他线束	外观	□正常　□破损　□脏污

五、质量检查　　　成绩：

请实训指导教师检查本组作业结果，并针对实训过程出现的问题提出改进措施及建议。

序　号	评价标准	评价结果
1	维修作业前检查及车辆防护	
2	底盘系统部件外观检查	
3	总线通信系统外观检查	
综合评价	☆ ☆ ☆ ☆ ☆	
综合评语		

六、评价反馈	成绩：

根据自己在课堂中的实际表现进行自我反思和自我评价。

自我反思：_____。

自我评价：_____。

实训成绩单

项 目	评分标准	分值	得分
接受工作任务	明确工作任务，理解任务在企业工作中的重要程度	5	
信息收集	掌握客户信息要完整，不遗漏	5	
	咨询并登记好维修车辆的基本信息	5	
	掌握车辆的基本故障信息	5	
	按照车辆维修的基本流程并完成客户的基本服务接待	5	
制订计划	按照底盘系统及总线外观检查流程，制订合适的行动计划	10	
	能协同小组人员安排任务分工	5	
	能在实施前准备好所需要的工具器材	5	
计划实施	规范进行场地布置及工具检查	5	
	识别底盘总成结构部件	5	
	目测底盘控制开关、通信总线、连接线束	10	
	找出通信总线连接位置	10	
	测量通信总线是否符合标准	10	
质量检查	学生任务完成，操作过程规范	5	
评价反馈	学生能对自身表现情况进行客观评价	5	
	学生在任务实施过程中发现自身问题	5	
	得分（满分100）		

七、思考与练习

1）智能网联汽车是指搭载先进的车载_____、_____、_____等装置，并融合现代_____与_____，实现车与X（车、路、人、云等）智能信息交换、共享，具备复杂_____、_____等功能，可实现"安全、高效、舒适、节能"行驶，并最终可实现替代人来操作的新一代汽车。

2）无人驾驶汽车是通过车载_____、_____、_____和识别行车路线并控制车辆到达预定目标的智能汽车。

3）车联网是以_____、_____、_____为基础，按照约定的体系架构及其通信协议和数据交互标准，实现 V2X（V 代汽车，X 代表车、路、行人及应用平台等）无线通信和信息交换，以_____、_____、_____控制的一体化网络，是物联网技术在智能交通系统领域的延伸。

4）智能网联汽车的四个发展阶段。

阶　　段	名　　称	基本特点
第一阶段		
第二阶段		
第三阶段		
第四阶段		

5）各国智能网联汽车发展事件。

国别	时　　间	事　　件	代　表　意　义
美国	2013 年		明确了 NHTSA 在自动驾驶领域支持的研究方向，主要包含人为因素的研究、系统性能需求开发、电控系统安全性三个方面
美国		《准备迎接未来交通：自动驾驶汽车 3.0》	第一份涵盖地面交通系统多种运输模式自动化技术的综合性指导文件
	2017 年 5 月	《德国交通法案》修订	首次将自动驾驶汽车测试的相关法律纳入其中
荷兰		全球首辆自动驾驶摆渡车在荷兰上路	第一个自动驾驶巴士上路的国家
日本		东京海上日动火灾保险	把自动驾驶期间的交通事故列入汽车保险的赔付对象

6）（多选）智能网联汽车的是由_____组成的。
A. 环境感知层　　　　B. 智能决策层　　　　C. 控制层　　　　D. 执行层

7）（多选）智能网联汽车的功能有_____。
A. 环境感知与定位系统　　　　　　　　B. 无线通信系统
C. 车载网络系统　　　　　　　　　　　D. 先进驾驶辅助系统

8）车载传感器主要有车轮转速传感器、加速度传感器、_____、转向盘转角传感器、_____、_____、_____等。

9）（多选）短距离无线通信技术有_____。
A. 蓝牙技术　　　　B. ZigBee 技术　　　　C. RFID 技术　　　　D. 专用短程通信技术

10）先进驾驶辅助系统的主要功能是_____
_____是防止交通事故的新代前沿技术。

实训工单二
认知智能网联汽车相关技术

学　　院		专　　业	
姓　　名		学　　号	
小组成员		组长姓名	

实训目标

  1. 能够依据调研要求，结合产业发展的需求，独立完成调研前物料的准备工作。
  2. 能够结合调研对象，确定智能网联汽车产业链的上、下游关系。
  3. 能够根据智能联网汽车技术架构，掌握各类关键技术生产制造商、服务商等的产业服务范围。
  4. 能够依据调研结果，绘制产业链的图谱。
  5. 能够通过网络、现场走访、电话等调研方式，收集各类产业资料并进行归类处理，撰写产业调研报告。

一、接受工作任务	成绩：

  一天，销售顾问小王和技术服务顾问小李同时接到业务经理委派，因服务站要制订车辆本年度销售计划与技术服务的年度规划，要求他们通过各种渠道开展智能网联汽车产业调研，掌握智能网联汽车的产业链状况、消费群体的需求导向及未来趋势，并形成产业调研报告。

二、信息收集	成绩：

  1）客户信息登记：进店时间：＿＿＿＿月＿＿＿＿日＿＿＿＿时，客户：＿＿＿＿＿＿，电话：＿＿＿＿＿＿。
  2）客户车辆登记：车型：＿＿＿＿＿＿＿＿＿＿，车牌号码：＿＿＿＿＿＿＿＿＿＿，车辆的 VIN 码：＿＿＿＿＿＿＿＿＿＿＿＿＿＿＿＿＿＿。
  3）车辆进店时里程数：＿＿＿＿＿＿＿＿＿，油量/电量：＿＿＿＿＿＿＿＿，车上故障灯：□无　□有（说明并备注一下）。
  4）车辆外观检查情况：剐蹭痕迹：□无　□有（有的话标注在车辆登记表格中加以说明）。
  5）车辆进店维修内容：＿＿＿。
  6）查找本车的维修手册：＿＿＿册，版本是：＿＿＿＿＿＿＿＿。
  7）本车维修时：□单人进行　□双人进行　□需要技术支持协助完成。
  8）本车整车控制电路原理图完整情况：□完整　□不完整（若不完整，原因是：＿＿＿＿＿＿＿＿＿＿＿＿＿＿＿＿）。

9）本次维修所用仪器设备准备情况：□齐全　□不齐全（若不齐全，原因是：＿＿＿＿＿＿＿＿＿＿＿＿＿＿＿＿＿＿＿＿）。

10）本次维修需要的时长为＿＿＿＿＿＿＿＿＿＿。

11）本次维修后需要提供给客户的资料有：＿＿。

12）本次维修后车辆清洗情况：□需要清洗　□不需清洗。

三、制订计划　　　　　　　　　　　　　成绩：

1）根据智能网联汽车产业调研目标及要求，制订智能网联汽车产业调研的实训计划。

操作流程		
序　号	调研作业项目	调研要求
计划审核	审核意见： 　　　　　　　　　　　年　月　日　签字：	

2）根据调研计划，完成小组成员任务分工。

操作人		记录员	
监护人		展示员	
作业注意事项			

① 调研开始前，应准备各类物料、工具、设备及文件资料等，要完整、齐全、资料数量充足。
② 调研时，要保证调研渠道及方式合理、合法、合规，不得盗用不正当的数据或用非法手段获得数据，以免引起侵权等责任。
③ 调研过程中，调研的数据、资料、记录信息等要完整，归类要标准，数据统计要准确。
④ 调研任务分工明确，责任落实到人，任务节点衔接清晰，注意团队协作精神的培养。
⑤ 调研任务完成后，要注意资料整理，做好归类归档，以备后查。

调研用设备、工具、文本材料			
序　号	名　称	数　量	清　点
			□已清点
			□已清点
			□已清点
			□已清点
			□已清点
			□已清点
			□已清点
			□已清点

四、计划实施	成绩：

1. 完成智能网联汽车价值链调研任务，并记录信息
① 智能联网汽车提升安全性与减少（或避免）交通事故情况。

调研内容：

调研结果：

② 目前智能网联汽车所配备的先进驾驶辅助系统情况。

调研内容：

调研结果：

③ 目前智能网联汽车自动驾驶等级情况。

调研内容：

调研结果：

2. 完成智能网联汽车产业链调研任务，并记录信息
① 智能网联汽车芯片厂商情况。

调研内容：

调研结果：

② 智能网联汽车传感器厂商情况。

调研内容：

调研结果：

③ 智能网联汽车通信系统供应商情况。

调研内容：

调研结果：

④ 智能网联汽车整车企业情况。

调研内容：

调研结果：

⑤ 智能网联汽车云平台运营商情况。

调研内容：

调研结果：

⑥ 智能网联汽车高精度地图生产制造商、供应商情况。

调研内容：

调研结果：

⑦ 智能网联汽车高精度定位系统情况。

调研内容：

调研结果：

3. 绘制智能网联汽车产业链关系图

4. 智能网联汽车消费群体的需求导向分析

5. 智能网联汽车产业调研分析结果

| 五、质量检查 | 成绩： |

请实训指导教师检查本组作业结果，并针对实训过程出现的问题提出改进措施及建议。

序　号	评价标准	评价结果
1	调研作业前物料、工具、设备等准备工作	
2	调研任务实施及任务完成	
3	调研结果及资料归档整理	
综合评价	☆ ☆ ☆ ☆ ☆	
综合评语		

六、评价反馈	成绩：

根据自己在课堂中的实际表现进行自我反思和自我评价。

自我反思：_____

_____。

自我评价：_____

_____。

实训成绩单

项　目	评 分 标 准	分值	得分
接受工作任务	明确工作任务，理解任务在企业工作中的重要程度	5	
信息收集	掌握客户信息要完整，不遗漏	5	
	咨询并登记好维修车辆的基本信息	5	
	准备好车辆维修用的手册等文本文件，了解车辆维修项目	5	
	按照车辆维修的基本流程并完成客户的基本服务接待	5	
制订计划	按照整车系统及总线外观检查流程，制订合适的行动计划	10	
	能协同小组人员安排任务分工	5	
	能在实施前准备好所需要的工具器材	5	
计划实施	规范地进行场地布置及工具检查	5	
	识别整车总成结构部件	5	
	目测整车控制开关、通信总线、连接线束	10	
	找出通信总线连接位置	10	
	测量通信总线是否符合标准	10	
质量检查	学生任务完成，操作过程规范	5	
评价反馈	学生能对自身表现情况进行客观评价	5	
	学生在任务实施过程中发现自身问题	5	
得分（满分100）			

七、思考与练习

1）20世纪90年代末，已经开始领先将_____、_____等在ADAS技术上应用到车辆上。

2）2010年，美国交通运输部提出《ITS战略计划2010~2014》，提出大力发展网联技术及汽车应用，将智能网联汽车的发展上升至_____。

3）智能网联汽车集中运用了汽车工程、人工智能、计算机、微电子、自动控制、通信与平台等技术，是一个集_____、_____、_____、_____等于一体的高新技术综合体，拥有相互依存的价值链、技术链和产业链体系。

4）智能网联汽车的产品体系可分为_____、_____、_____三个层次。

5）国内主要整车企业普遍在 2018 年左右推出 PA 级智能化产品，2020 年左右推出_____智能化产品，2025 年左右部署_____智能化整车产品。

6）（多选）国外比较典型的开发自动驾驶汽车的生产商有_____。
A. 英特尔　　　　B. 宝马　　　　C. 德尔福　　　　D. Mobileye

7）（多选）高精度地图的企业有_____。
A. 四图维新　　　B. 景驰科技　　　C. 地平线机器人　　D. 蔚来汽车

8）系统集成供应商能够提供智能网联汽车自动驾驶技术研发和集成、车载信息系统技术研发和集成的软硬件供应企业，包括提供_____、_____、_____、_____等。

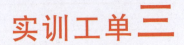

实训工单三
认知智能网联汽车环境感知技术

学　院		专　业	
姓　名		学　号	
小组成员		组长姓名	

实训目标
 1. 能够依据接待要求，结合客户的需求，独立完成接待准备工作。
 2. 能够结合客户的故障现象，根据维修手册初步判断传感器故障范围。
 3. 能够根据故障现象及客户的咨询信息，依据维修手册及操作规范标准，制订车辆的初步维修方案。
 4. 能够根据激光雷达避障检测要求，结合客户车辆配置情况，独立熟练启动 ROS 系统，应用检测软件完成激光雷达检测作业。
 5. 能够依据检测数据分析结果，结合激光雷达的工作原理，独立准确判断故障原因。
 6. 能够使用专用设备工具及维修软件，与他人合作规范地完成车辆检修工作。

一、接受工作任务	成绩：

　　汽车服务站新接收了一辆待维修车辆，据车主反映，车辆行驶过程中仪表上无车辆行驶信息反馈，车辆倒车时，倒车影像上看不到车辆安全距离标线，技师李师傅首先委派学徒工小王对该车的传感器及摄像头等相关部件进行检查，要求小王对车辆环境感知系统的损坏、系统部件的信息传输等情况进行记录。

二、信息收集	成绩：

　　1）客户信息登记：进店时间：＿＿＿＿月＿＿＿＿日＿＿＿＿时，客户：＿＿＿＿，电话：＿＿＿＿。
　　2）客户车辆登记：车型：＿＿＿＿＿＿，车牌号码：＿＿＿＿＿＿，车辆的 VIN 码：＿＿＿＿＿＿＿＿＿＿。
　　3）车辆进店时里程数：＿＿＿＿＿＿，油量/电量：＿＿＿＿＿＿，车上故障灯：□无　□有（说明并备注一下）。
　　4）车辆外观检查情况：剐蹭痕迹：□无　□有（有的话标注在车辆登记表格中加以说明）。
　　5）车辆进店维修内容：＿＿＿＿＿＿＿＿＿＿＿＿＿＿＿＿＿＿＿＿＿＿＿＿＿＿＿＿。
　　6）查找本车的维修手册：＿＿＿册，版本是：＿＿＿＿＿＿。
　　7）本车维修时：□单人进行　□双人进行　□需要技术支持协助完成。

8）本车传感器检查：激光雷达传感器_____个，超声波雷达传感器_____个，毫米波雷达传感器_____个，整车控制电路图：□完整 □不完整（若不完整，原因是：_____）。

9）本次维修所用仪器设备准备情况：□齐全 □不齐全（若不齐全，原因是：_____）。

10）本次维修需要的时长为_____。

11）本次维修后需要提供给客户的资料有：_____。

12）本次维修后车辆清洗情况：□需要清洗 □不需清洗。

三、制订计划　　　　　　　　　　成绩：

1）根据智能网联汽车环境感知系统检测规范及要求，制订智能网联汽车环境感知系统的认知实训计划。

操作流程		
序 号	作业项目	操作要点
计划审核	审核意见： 　　　　　　　　　　　年　月　日　签字：	

2）根据维修作业计划，完成小组成员任务分工。

操 作 人		记 录 员	
监 护 人		展 示 员	
作业注意事项			

① 实训开始前应摘掉各类饰品，换上实训服，长头发应挽起固定于脑后。
② 整车实训时确保点火开关处于 Lock 位置，操作另有要求除外。
③ 就车工作时，应施加驻车制动，除非特定操作要求置于其他档位。
④ 举升车辆时按照规范进行，避免发生意外事故。
⑤ 工具使用后，应清洁并归还原处。

检测设备、工具、材料			
序 号	名 称	数 量	清 点
			□已清点
			□已清点
			□已清点
			□已清点
			□已清点

四、计划实施	成绩：

1. 完成智能网联汽车维修作业前检查及车辆防护，并记录信息
① 维修作业前车辆检查。

作业内容：

作业结果：

② 维修作业前传感器的检查。

作业内容：

作业结果：

作业内容：

作业结果：

作业内容：

作业结果：

③ 维修作业前摄像头的检查。

作业内容：

作业结果：

2. 检查传感器模块组成部件

	部件	检查项目			
	激光雷达模块	激光雷达外观	☐正常	☐破损	☐脏污	
		USB 接口	☐正常	☐退针	☐破损	☐脏污
		AGX 接口	☐正常	☐退针	☐破损	☐脏污
		Type-hub	☐正常	☐退针	☐破损	☐脏污
	毫米波雷达模块	毫米波雷达外观	☐正常	☐破损	☐脏污	
		电源	☐正常	☐退针	☐破损	☐脏污
		AGX 接口	☐正常	☐退针	☐破损	☐脏污
		控制板	☐正常	☐退针	☐破损	☐脏污
	超声波雷达模块	超声波雷达外观	☐正常	☐破损	☐脏污	
		USB 接口	☐正常	☐退针	☐破损	☐脏污
		AGX 接口	☐正常	☐退针	☐破损	☐脏污
		Type-hub	☐正常	☐退针	☐破损	☐脏污
	霍尔速度传感器模块	外观	☐正常	☐破损	☐脏污	
		杜邦线束	☐正常	☐退针	☐破损	☐脏污
		控制板	☐正常	☐退针	☐破损	☐脏污
	温度传感器模块	外观	☐正常	☐破损	☐脏污	
		显示屏	☐显示正常	☐显示异常		

3. 检查视觉传感器模块系统部件

	部件	检查项目			
	视觉传感器模块	外观	☐正常	☐破损	☐脏污	
		AGX 接口	☐正常	☐退针	☐破损	☐脏污
		Type-hub	☐正常	☐退针	☐破损	☐脏污

五、质量检查		成绩：	
请实训指导教师检查本组作业结果，并针对实训过程出现的问题提出改进措施及建议。			
序号	评价标准		评价结果
1	维修作业前检查及车辆防护		
2	环境感知系统部件外观检查		
3	环境感知系统外观检查		
综合评价	☆☆☆☆☆		
综合评语			

六、评价反馈	成绩：

根据自己在课堂中的实际表现进行自我反思和自我评价。
自我反思：

自我评价：

实训成绩单

项目	评分标准	分值	得分
接受工作任务	明确工作任务，理解任务在企业工作中的重要程度	5	
信息收集	掌握客户信息要完整，不遗漏	5	
	咨询并登记好维修车辆的基本信息	5	
	掌握车辆传感器检查情况，并做好登记	5	
	按照车辆维修的基本流程并完成客户的基本服务接待	5	
制订计划	按照环境感知系统及外观检查流程，制订合适的行动计划	10	
	能协同小组人员安排任务分工	5	
	能在实施前准备好所需要的工具器材	5	
计划实施	规范地进行场地布置及工具检查	5	
	识别环境感知系统总成结构部件	5	
	目测传感器模块、视觉传感器模块、连接线束	10	
	找出环境感知系统连接位置	10	
	测量环境感知系统是否符合标准	10	
质量检查	学生任务完成，操作过程规范	5	
评价反馈	学生能对自身表现情况进行客观评价	5	
	学生在任务实施过程中发现自身问题	5	
得分（满分100）			

七、思考与练习

1) 环境感知是_____、_____、_____、_____以及 V2X 通信技术等获取道路、车辆位置和障碍物的信息,并将这些信息传输给车载控制中心,为智能网联汽车提供决策依据,是 ADAS 实现的第一步。

2) 环境感知系统由_____、_____、_____组成。

3)(多选)环境感知系统所配备的传感器有_____。
 A. 超声波雷达　　　　　　　B. 激光雷达
 C. 毫米波雷达　　　　　　　D. 单/双目摄像头

4) 环境感知传感器性能对比。

项　目 传感器类型	超声波雷达	毫米波雷达	激光雷达	视觉传感器
近距离探测	弱			
探测角度		10°～70°	15°～360°	
夜间环境			强	弱
全天候	弱			
路标识别	×	×	×	√
成本				

5)(多选)多传感器融合体系结构是_____。
 A. 分布式　　　　　　　　　B. 集中式
 C. 整体式　　　　　　　　　D. 混合式

6)(多选)雷达分为_____。
 A. 激光雷达　　　　　　　　B. 毫米波雷达
 C. 超声波雷达　　　　　　　D. Mobileye

7) 激光雷达是工作在_____的雷达,它利用光频波段的_____先向目标发射探测信号,然后将其接收到的回波信号与发射信号相比较,从而获得目标的_____(距离、方位和高度)、_____(速度、姿态)等信息,实现对目标的_____、_____和_____。

8)(多选)激光雷达的特点有_____。
 A. 分辨率高　　　　　　　　B. 探测范围广
 C. 信息量丰富　　　　　　　D. 全天候工作

9) 毫米波是指波长在_____mm 的电磁波,对应的频率范围为_____GHz,毫米波雷达是 ADAS 核心传感器。

10)(多选)毫米波雷达的特点有_____。
 A. 探测距离远　　　　　　　B. 响应速度快
 C. 适应能力强　　　　　　　D. 覆盖区域为圆形

11）毫米波雷达在智能网联汽车上的应用。

毫米波雷达类型		近距离雷达	中距离雷达	远距离雷达
探测距离/m		<_____	_____左右	>_____
工作频段/GHz				
功能	自适应巡航控制系统	—		前方
	自动紧急制动系统	—		前方
	前向碰撞预警系统	—		前方
	自动泊车辅助系统	侧方		—
	盲区监测系统	前方、后方	侧方	
	变道辅助系统		后方	
	后方碰撞预警系统			
	行人监测系统		前方	—
	驻车开门辅助系统	侧方	—	

12）超声波雷达工作在_____kHz 以上，多用于_____，基本原理是通过测量超声波脉冲和接收脉冲的_____，结合空气中超声波传输速度计算的相对距离。

13）（多选）超声波雷达的特点有_____。
 A．探测距离为 5～10m　　　　　B．对色彩、光照度不敏感
 C．结构简单　　　　　　　　　　D．成本低、体积小

14）视觉传感器主要由_____、_____、_____、图像处理器、图像存储器等组成。

15）（多选）视觉传感器的特点有_____。
 A．信息量丰富　　　　　　　　　B．可检测行人、车辆信息
 C．可实时获取场景图像　　　　　D．应用广泛

实训工单四
识知智能网联汽车高精度地图与定位技术

学　院		专　业	
姓　名		学　号	
小组成员		组长姓名	

实训目标

1. 能够依据接待要求，根据维修手册规范，结合客户车辆的故障现象，与他人合作，合理完成定位系统检测方案、工具设备等准备工作。
2. 能够应用专用工具完成定位系统及相关部件的检测工作，确定故障原因，制订维修方案。
3. 能够根据客户车辆故障现状，应用一定的设备及工具，与他人合作规范地完成定位系统的检测及故障维修工作。

一、接受工作任务	成绩：

　　汽车服务站新接收了一辆待维修车辆，据车主反映，车辆行驶过程中车主打开导航系统，中控屏上地图一会儿有显示，一会儿无显示，有时导航地图显示不准确，技师王强首先委派学徒工石磊对该车的高精度地图与导航系统等相关部件进行检查，要求石磊对车辆高精度地图或定位系统的损坏、系统部件的信息传输等情况进行记录。

二、信息收集	成绩：

　　1) 客户信息登记：进店时间：＿＿＿＿月＿＿＿＿日＿＿＿＿时，客户：＿＿＿＿＿＿＿＿＿＿，电话：＿＿＿＿＿＿＿＿。

　　2) 客户车辆登记：车型：＿＿＿＿＿＿＿＿＿＿，车牌号码：＿＿＿＿＿＿＿＿＿＿，车辆的 VIN 码：＿＿＿＿＿＿＿＿＿＿。

　　3) 车辆进店时里程数：＿＿＿＿＿＿＿＿＿＿，油量/电量：＿＿＿＿＿＿＿＿＿＿，车上故障灯：□无　□有（说明并备注一下）。

　　4) 车辆外观检查情况：剐蹭痕迹：□无　□有（若有请标注在车辆登记表格中加以说明）。

　　5) 车辆进店维修内容：＿＿。

　　6) 查找本车的维修手册：＿＿＿＿册，版本是：＿＿＿＿＿＿＿＿。

　　7) 本车维修时：□单人进行　□双人进行　□需要技术支持协助完成。

　　8) 本车车内检查：中控屏尺寸大小＿＿＿＿＿＿＿＿寸，导航系统启动：□正常启动　□无法启动　□能启动但显示异常（若有异常，请注明异常显示的情况）。

9）本次维修所用仪器设备准备情况：□齐全　□不齐全（若不齐全，原因是：_____
_____）。

10）本次维修需要的时长为_____。

11）本次维修后需要提供给客户的资料有：_____
_____。

12）本次维修后车辆清洗情况：□需要清洗　□不需清洗。

三、制订计划	成绩：

1）根据智能网联汽车高精度地图与定位系统检测规范及要求，制订智能网联汽车高精度地图与定位系统的认知实训计划。

操作流程		
序号	作业项目	操作要点
计划审核	审核意见： 年　月　日　签字：	

2）请根据维修作业计划，完成小组成员任务分工。

操作人		记录员	
监护人		展示员	

作业注意事项
① 实训开始前应摘掉各类饰品，换上实训服，长头发应挽起固定于脑后。 ② 整车实训时确保点火开关处于 Lock 位置，操作另有要求除外。 ③ 就车工作时，应施加驻车制动，除非特定操作要求置于其他档位。 ④ 举升车辆时按照规范进行，避免发生意外事故。 ⑤ 工具使用后，应清洁并归还原处。

检测设备、工具、材料			
序号	名称	数量	清点
			□已清点
			□已清点
			□已清点
			□已清点
			□已清点

四、计划实施	成绩：

1. 请完成智能网联汽车维修作业前检查及车辆防护，并记录信息

① 维修作业前车辆检查。

作业内容：

作业结果：

② 维修作业前中控屏的检查。

作业内容：

作业结果：

③ 维修作业前高精度地图与定位系统的检查。

作业内容：

作业结果：

2. 检查高精度地图与定位系统的组成部件

高精度地图系统	触控按钮	□正常	□破损	□脏污	
	扬声器	□正常	□破损	□脏污	
	地图信息系统	□正常	□有反应	□无反应	
惯性导航模块	外观	□正常	□破损	□脏污	
	杜邦线束	□正常	□退针	□破损	□脏污
	控制板	□正常	□退针	□破损	□脏污
	VCC 端口	□正常	□退针	□破损	□脏污
	GND 端口	□正常	□退针	□破损	□脏污

3. 检查高精度地图与定位系统相关部件

传感器模块	外观	☐正常	☐破损	☐脏污	
	USB 接口	☐正常	☐退针	☐破损	☐脏污
	AGX 接口	☐正常	☐退针	☐破损	☐脏污
	Type-hub	☐正常	☐退针	☐破损	☐脏污
视觉传感器模块	外观	☐正常	☐破损	☐脏污	
	USB 接口	☐正常	☐退针	☐破损	☐脏污
	AGX 接口	☐正常	☐退针	☐破损	☐脏污
	Type-hub	☐正常	☐退针	☐破损	☐脏污
交通信息系统	信息显示	☐正常	☐有反应	☐无反应	
	电源系统	☐正常	☐有反应	☐无反应	

4. 装调高精度地图与定位系统

名 称	位 置	装调标准
陀螺仪模块		
激光雷达模块		
视觉传感器模块		

五、质量检查　　　　　　　成绩：

请实训指导教师检查本组作业结果，并针对实训过程出现的问题提出改进措施及建议。

序　号	评价标准	评价结果
1	维修作业前检查及车辆防护	
2	高精度地图与定位系统部件外观检查	
3	高精度地图与定位系统外观检查	
综合评价	☆ ☆ ☆ ☆ ☆	
综合评语		

六、评价反馈　　　　　　　成绩：

请根据自己在课堂中的实际表现进行自我反思和自我评价。

自我反思：＿＿＿。

自我评价：＿＿＿。

实训成绩单

项　目	评分标准	分值	得分
接受工作任务	明确工作任务，理解任务在企业工作中的重要程度	5	
信息收集	掌握客户信息要完整，不遗漏	5	
	咨询并登记好维修车辆的基本信息	5	
	检查车辆导航基本功能，记录故障信息	5	
	按照车辆维修的基本流程并完成客户的基本服务接待	5	
制订计划	按照高精度地图与定位系统及外观检查流程，制订合适的行动计划	10	
	能协同小组人员安排任务分工	5	
	能在实施前准备好所需要的工具器材	5	
计划实施	规范地进行场地布置及工具检查	5	
	识别高精度地图系统总成结构部件	5	
	目测陀螺仪模块、连接线束	10	
	找出高精度地图系统连接位置	10	
	测量高精度地图系统是否符合标准	10	
质量检查	学生任务完成，操作过程规范	5	
评价反馈	学生能对自身表现情况进行客观评价	5	
	学生在任务实施过程中发现自身问题	5	
	得分（满分100）		

七、思考与练习

1）高精度地图在自动驾驶中，可以作为自动驾驶的_____系统，不仅可以用于_____、_____，还可以为环境感知和理解提供先验知识，辅助车载传感器实现高精度定位。

2）为了保证自动驾驶汽车的安全性，地图数据需要保持"_____、_____、_____"等特点，比如维度数据有道路形状、坡度、曲率、航向、横坡角等。

3）高精地图的路径规划是为_____服务的。

4）_____是地理信息空间的载体，它是将客观现实世界中的空间特征以一定的数学法则（即模式化）_____、_____，将空间特征表示为形象符号模型或称为_____。

5）普通电子地图是显示给人看的，_____是给车机设备理解的。

6）（多选）高精度地图，为了提高存储效率和机器可读性，地图在存储时分为_____。

A. 标量层　　　　B. 矢量层　　　　C. 图层　　　　D. 对象层

7）（多选）高精度地图数据采集过程_____。

A. 实地采集　　　B. 程序　　　　　C. 处理　　　　D. 后续更新

8）（多选）高精度地图数据模型有_____。

A. 道路模型　　　B. 车道模型　　　C. 信号模型　　D. 对象模型

9）高精度定位是_____有效应用的重要前提，也是智能驾驶系统自主导航、自动驾驶的重要前提。

10）高精度定位分为_____和_____。

实训工单五
认知智能网联汽车智能决策技术

学　院		专　业	
姓　名		学　号	
小组成员		组长姓名	

实训目标

1. 能够依据接待要求，结合客户的需求，独立完成接待前仪器、设备、道路标识等的准备工作。
2. 能够结合客户车辆 ADAS 出现的故障现象，根据汽车自动驾驶功能的要求，完成车辆故障的初步判断。
3. 能够根据 ADAS 控制原理及参数标准，对检测数据采集，记录检测内容，按照操作规范，独立同步记录相关数据。
4. 能够根据以上记录结果，分析并判断故障的原因，制订维修方案。
5. 能够依据 ADAS 功能参数标准，参照维修手册，排除故障，并将 ADAS 功能加以验证。
6. 能够与他人合完成 ADAS 检测，完成车辆的维修作业。

一、接受工作任务	成绩：

　　汽车服务站新接收了一辆待维修车辆，据车主反映，启动 ADAS（Advanced Driving Assistant System，先进驾驶辅助系统）失败，车辆行驶过程中无法实现预警、避障等功能，技师李师傅首先委派学徒工小王对该车的智能决策系统和 ADAS 等相关部件进行检查，要求小王对车辆智能决策系统的损坏、系统部件的信息传输等情况进行记录，并通过智能网联汽车仿真测试平台对智能决策系统进行测试。

二、信息收集	成绩：

　　1）客户信息登记：进店时间：＿＿＿月＿＿＿日＿＿＿时，客户：＿＿＿＿＿＿，电话：＿＿＿＿＿＿。

　　2）客户车辆登记：车型：＿＿＿＿＿＿＿，车牌号码：＿＿＿＿＿＿＿，车辆的 VIN 码：＿＿＿＿＿＿＿。

　　3）车辆进店时里程数：＿＿＿＿＿＿，油量/电量：＿＿＿＿＿＿，车上故障灯：□无　□有（说明并备注一下）。

　　4）车辆外观检查情况：剐蹭痕迹：□无　□有（若有请标注在车辆登记表格中加以说明）。

　　5）车辆进店维修内容：＿＿＿＿＿＿＿＿＿＿＿＿＿＿＿＿＿＿＿＿＿＿＿＿＿＿＿＿＿＿＿＿＿＿。

6) 查找本车的维修手册：____册，版本是：____。
7) 本车维修时：□单人进行 □双人进行 □需要技术支持协助完成。
8) 本车车辆传感器检查：车辆碰撞预警传感器____个，位置在____。
9) 本次维修所用仪器设备准备情况：□齐全 □不齐全（若不齐全，原因是：_____）。
10) 本次维修需要的时长为____。
11) 本次维修后需要提供给客户的资料有：_____
12) 本次维修后车辆清洗情况：□需要清洗 □不需清洗。

三、制订计划　　　　　　　　　　　成绩：

1) 根据智能网联汽车智能决策系统检测规范及要求，制订智能网联汽车智能决策系统的认知实训计划。

	操作流程	
序 号	作业项目	操作要点
计划审核	审核意见： 年　月　日　签字：	

2) 根据维修作业计划，完成小组成员任务分工。

操 作 人		记 录 员	
监 护 人		展 示 员	
作业注意事项			

① 实训开始前应摘掉各类饰品，换上实训服，长头发应挽起固定于脑后。
② 整车实训时确保点火开关处于 Lock 位置，操作另有要求除外。
③ 就车工作时，应施加驻车制动，除非特定操作要求置于其他档位。
④ 举升车辆时按照规范进行，避免发生意外事故。
⑤ 工具使用后，应清洁并归还原处。

检测设备、工具、材料			
序　号	名　称	数　量	清　点
			□已清点
			□已清点
			□已清点
			□已清点
			□已清点

四、计划实施	成绩:

1. 完成智能网联汽车维修作业前检查及车辆防护，并记录信息

作业内容：

作业结果：

2. 检查智能决策系统参数，并对智能决策系统进行功能测试
① 检查 ADAS 中各场景设置的参数。

测试场景	算法参数设置	单 位	数 据 范 围
自适应巡航控制系统 （晴天/雨天/雪天）			
自动紧急制动系统 （晴天/雨天/雪天）			
主动避障系统 （晴天/雨天/雪天）			
自动泊车辅助系统 （晴天/雨天/雪天）			
车道保持辅助系统 （晴天/雨天/雪天）			
盲区监测系统			

② 测试预警功能。

作业内容：

作业结果：

③ 测试停障功能。

作业内容：

作业结果：

④ 测试避障功能。

作业内容：

作业结果：

3. 对智能决策系统进行功能仿真验证，并记录相关操作及注意事项

操作步骤	示　意　图	具体操作及注意事项
开启智能网联汽车功能开关		
实车与仿真平台线路连通		
CAN 卡连线及开关设置		
开启自动驾驶模式		
调取传感器装调参数		

32

实训工单五 认知智能网联汽车智能决策技术

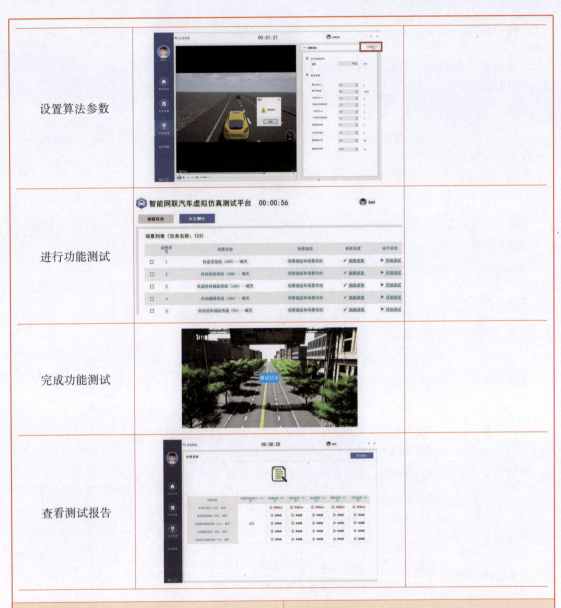

设置算法参数	
进行功能测试	
完成功能测试	
查看测试报告	

五、质量检查　　　　　　　　　　　　**成绩：**

请实训指导教师检查本组作业结果，并针对实训过程出现的问题提出改进措施及建议。

序　号	评 价 标 准	评 价 结 果
1	维修作业前检查及车辆防护	
2	智能决策系统部件外观检查	
3	智能决策系统功能测试	
综合评价	☆ ☆ ☆ ☆ ☆	
综合评语		

33

六、评价反馈	成绩：

根据自己在课堂中的实际表现进行自我反思和自我评价。

自我反思：_____

_____。

自我评价：_____

_____。

实训成绩单

项　　目	评分标准	分值	得分
接受工作任务	明确工作任务，理解任务在企业工作中的重要程度	5	
信息收集	掌握客户信息要完整，不遗漏	5	
	咨询并登记好维修车辆的基本信息	5	
	检查车辆外观，做好车辆故障处的位置及现象信息登记	5	
	按照车辆维修的基本流程并完成客户的基本服务接待	5	
制订计划	按照智能决策系统及外观检查流程，制订合适的行动计划	10	
	能协同小组人员安排任务分工	5	
	能在实施前准备好所需要的工具器材	5	
计划实施	规范地进行场地布置及工具检查	5	
	识别智能决策系统总成结构部件	5	
	检查连接线束，确定智能决策系统连接位置	10	
	检查智能决策系统是否符合标准	10	
	对智能决策系统功能进行仿真验证	10	
质量检查	学生任务完成，操作过程规范	5	
评价反馈	学生能对自身表现情况进行客观评价	5	
	学生在任务实施过程中发现自身问题	5	
得分（满分100）			

七、思考与练习

1）智能网联汽车是集感知、决策和控制等功能于一体的自主交通工具，其中，_____是依据感知信息来进行决策判断，确定适当工作模型，制订相应控制策略，替代人类驾驶人做出驾驶决策。

2）传统意义上自动驾驶系统的决策控制软件系统含_____、_____、_____、_____等功能模块。

3）（多选）决策层的功能包括_____。
A. 感知周边环境　　B. 收集分析数据　　C. 预测周边环境　　D. 定义规划路线

4) _____ 模块作为决策规划控制模块的直接数据上游之一,其主要作用是对_____所识别到的物体进行_____,并且将预测的结果转化为时间空间维度的轨迹传递给后续模块。通常_____所输出的物体信息包括位置、速度、方向等物理属性。

5) _____ 模块在整个自动驾驶决策规划控制软件系统中扮演着"副驾驶"的角色。这个层面汇集了所有重要的车辆周边信息,不仅包括了自动驾驶汽车本身的_____、_____、_____,还包括车辆周边一定距离以内所有的相关障碍物信息以及预测的轨迹。

6) 自动驾驶汽车规划模块两部分:_____ 模块主要是对短期甚至是瞬时的动作进行规划,例如转弯、避障、超车等动作;_____ 模块是对较长时间内车辆行驶路径的规划,例如从出发地到目的地之间的路线设计或选择。

7) _____ 主要完成的功能是以环境感知数据、导航定位信息、车辆实时数据、云端智能计算平台数据和其他 V2X 交互数据等作为输入,基于环境感知定位、智能规划决策和车辆运动控制等核心控制算法,输出驱动、传动、转向和制动等执行控制指令,实现车辆的自动控制,并向云端智能计算平台及 V2X 设备输出数据,还能够通过人机交互界面,实现车辆驾驶信息的人机交互。

8) _____ 是一个串联系统结构,在该结构中,智能驾驶系统的各模块之间次序分明,上一个模块的输出即为下一个模块的输入,因此又称为"感知—规划—行动"结构。
  A. 分层递阶式体系结构 B. 反应式体系结构
  C. 混合式体系结构   D. 以上都不是

9)(多选)现阶段人工智能技术在智能网联汽车领域的主要应用体现在以下_____方面。
  A. 实现对环境物体的识别与认知 B. 实现对可行驶区域的检测
  C. 实现行驶路径的规划与决策   D. 实现模糊行为决策

10)(多选)当硬件传感器接收到环境信息后,数据会被导入计算平台,由不同的芯片进行运算。计算平台的设计直接影响自动驾驶系统的实时性及鲁棒性。对于自动驾驶这样的复杂任务,在设计软件的同时,还必须考虑与之匹配的硬件效能,这里包括_____。
  A. 性能   B. 功耗   C. 功能安全   D. 价格

11) 功能安全包含了多个方面的要求:处理器要符合至少 ASIL-B 等级的要求,可靠性需要能够保证在至少_____的使用期内不出问题。
  A. 一年   B. 五年   C. 十年   D. 二十年

12)(多选)现有的计算平台解决方案有_____。
  A. 基于 GPU 的解决方案   B. 基于 DSP 的解决方案
  C. 基于 FPGA 的解决方案   D. 基于 ASIC 的解决方案

13)(多选)DSP 以数字信号处理大量数据,它的_____是最值得称道的两大特色。
  A. 高可靠性 B. 高鲁棒性 C. 强大数据处理能力 D. 高运行速度

14) 随着与传感器结合方案的快速普及,视觉、语音、深度学习的算法进一步优化,_____极有可能逐渐取代 GPU 与 CPU,成为无人车、机器人等感知领域上的主要芯片。
  A. TPU   B. FPGA   C. ASIC   D. 量子芯片

实训工单六
认知智能网联汽车控制执行技术

学　　院		专　　业	
姓　　名		学　　号	
小组成员		组长姓名	

实训目标

1. 能够依据接待要求，结合客户的需求，独立完成接待前物料的准备工作。
2. 能够结合客户车辆的故障现象，根据维修手册使用专用软件及检测工具，初步判断故障范围。
3. 能够分析采集的数据，判定车辆故障并判断故障原因。
4. 根据以上分析及判定结果，制订车辆维修方案。
5. 能够根据维修手册及操作规范，使用专用设备工具，对车道保持系统的控制器、部件、线路等进行检修专业。
6. 根据车道保持系统的功能要求，与他人合作，规范地完成车道保持系统的功能验证，完成车辆的维修作业。

一、接受工作任务	成绩：

　　汽车服务站新接收了一辆待维修车辆，据车主反映，车辆行驶过程中自动驾驶界面的信息不准确，有车道偏离但车辆未报警，也未对车辆的信息进行修正。技师李师傅首先委派学徒工小王对该车的行为决策系统及相关部件进行检查，要求小王对车辆执行控制系统的损坏、系统部件的信息传输等情况进行记录。

二、信息收集	成绩：

　　1) 客户信息登记：进店时间：＿＿＿月＿＿＿日＿＿＿时，客户：＿＿＿＿＿＿，电话：＿＿＿＿＿＿＿＿。

　　2) 客户车辆登记：车型：＿＿＿＿＿＿＿＿＿＿，车牌号码：＿＿＿＿＿＿＿＿＿＿，车辆的VIN码：＿＿＿＿＿＿＿＿＿＿＿＿＿＿＿＿＿。

　　3) 车辆进店时里程数：＿＿＿＿＿＿＿，油量/电量：＿＿＿＿＿＿＿，车上故障灯：□无　□有（说明并备注一下）。

　　4) 车辆外观检查情况：剐蹭痕迹：□无　□有（若有请标注在车辆登记表格中加以说明）。

　　5) 车辆进店维修内容：＿＿＿。

　　6) 查找本车的维修手册：＿＿＿册，版本是：＿＿＿＿＿＿。

7) 本车维修时：□单人进行　□双人进行　□需要技术支持协助完成。
8) 本车车内检查：转向盘和仪表盘上的自动驾驶功能显示：□正常启动　□无法启动　□能启动但显示异常（原因是：_____）。
9) 本次维修所用仪器设备准备情况：□齐全　□不齐全（原因是：_____）。
10) 本次维修需要的时长为_____。
11) 本次维修后需要提供给客户的资料有：_____
_____。
12) 本次维修后车辆清洗情况：□需要清洗　□不需要清洗。

三、制订计划　　　　　　　　　　成绩：

1) 根据智能网联汽车控制执行系统检测规范及要求，制订智能网联汽车控制执行系统的认知实训计划。

操作流程		
序　号	作业项目	操作要点
计划审核	审核意见： 　　　　　　　　　　　年　月　日　签字：	

2) 根据维修作业计划，完成小组成员任务分工。

操作人		记录员	
监护人		展示员	
作业注意事项			

① 实训开始前应摘掉各类饰品，换上实训服，长头发应挽起固定于脑后。
② 整车实训时确保点火开关处于 Lock 位置，操作另有要求除外。
③ 就车工作时，应施加驻车制动，除非特定操作要求置于其他档位。
④ 举升车辆时按照规范进行，避免发生意外事故。
⑤ 工具使用后，应清洁并归还原处。

检测设备、工具、材料			
序　号	名　称	数　量	清　点
			□已清点
			□已清点
			□已清点
			□已清点
			□已清点

智能网联汽车概论 实训工单

四、计划实施	成绩：

1. 完成智能网联汽车维修作业前检查及车辆防护，并记录信息
① 维修作业前车辆检查。

作业内容：

作业结果：

② 维修作业前控制执行系统的检查。

作业内容：

作业结果：

作业内容：

作业结果：

作业内容：

作业结果：

2. 检查执行控制模块部件

		外观	□正常	□退针	□破损	□脏污
	线控底盘模块	AGX 接口	□正常	□退针	□破损	□脏污
		CAN 总线模块	□正常	□退针	□破损	□脏污
		外观	□正常	□破损	□脏污	
	遥控器模块	电源开关	□正常	□有反应	□无反应	
		调节按钮接口	□正常	□有反应	□无反应	
		控制摇杆	□正常	□有反应	□无反应	
		显示器	□正常	□有反应	□无反应	

3. 装调环境感知系统

名　　称	位　　置	装调标准
自动驾驶程序模块		
连接线束		

五、质量检查　　　　　　　　成绩：

请实训指导教师检查本组作业结果，并针对实训过程出现的问题提出改进措施及建议。

序　号	评价标准	评价结果
1	维修作业前检查及车辆防护	
2	控制执行系统部件外观检查	
3	控制执行系统外观检查	
综合评价	☆ ☆ ☆ ☆ ☆	
综合评语		

六、评价反馈　　　　　　　　成绩：

根据自己在课堂中的实际表现进行自我反思和自我评价。

自我反思：

自我评价：

实训成绩单

项目	评分标准	分值	得分
接受工作任务	明确工作任务,理解任务在企业工作中的重要程度	5	
信息收集	掌握客户信息要完整,不遗漏	5	
信息收集	咨询并登记好维修车辆的基本信息	5	
信息收集	检查车辆导航基本功能,记录故障信息	5	
信息收集	按照车辆维修的基本流程并完成客户的基本服务接待	5	
制订计划	按照控制执行系统及外观检查流程,制订合适的行动计划	10	
制订计划	能协同小组人员安排任务分工	5	
制订计划	能在实施前准备好所需要的工具器材	5	
计划实施	规范地进行场地布置及工具检查	5	
计划实施	识别控制执行系统总成结构部件	5	
计划实施	目测遥控器模块、视觉传感器模块、连接线束	10	
计划实施	找出控制执行系统连接位置	10	
计划实施	测量控制执行系统是否符合标准	10	
质量检查	学生任务完成,操作过程规范	5	
评价反馈	学生能对自身表现情况进行客观评价	5	
评价反馈	学生在任务实施过程中发现自身问题	5	
得分(满分100)			

七、思考与评价

1)自动驾驶系统是一个集_____、_____和动作执行等功能于一体的综合系统。

2)传统意义上自动驾驶系统的决策控制软件系统包含_____、_____、_____、_____路径规划等功能模块。

3)通常感知层所输出的物体信息包括_____、_____、_____等物理属性。

4)汽车底盘由_____、_____、_____和_____组成。

5)汽车的转向系统分为_____和_____两大类。

6)(多选)汽车制动系统主要有

A. 供能装置　　B. 控制装置　　C. 传动装置　　D. 制动器

7)线控底盘主要由_____、_____、_____和_____四大系统组成。

8)线控转向系统有_____和_____两种。

9)线控制动系统可分为_____和_____。

10)线控驱动系统主要由_____、_____、_____或_____组成。

11)电动线控驱动系统主要由整车控制单元(即为VCU)来完成驱动,它的主要功能是实现转矩需求的计算以及实现_____。

12)BCM主要包括_____、_____及车载网络。

13)电子式液压助力采用的是由_____的电子泵。

14)EHB系统结构主要由_____、_____、液压执行机构组成。

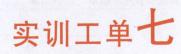

实训工单七
认知智能网联汽车人机交互技术

学　院		专　业	
姓　名		学　号	
小组成员		组长姓名	

实训目标

  1. 能够依据接待要求，结合客户的需求，独立完成接待前物料准备工作。

  2. 能够结合客户的故障现象，根据维修手册操作规范，与他人合作，合理完成人机交互系统检测方案、工具设备等准备工作。

  3. 能够结合人机交互系统的使用规范，根据车辆本身的配置情况，独立规范地完成人机交互系统的设置与运行工作。

  4. 能够根据维修手册要求，使用专用设备及软件，独立完成人机交互系统的参数匹配。

  5. 能够根据车辆人机交互系统的基本参数，结合车辆的实际状态，分析故障现象，判定故障原因，制订车辆的维修方案。

  6. 能够使用专用设备及软件，独立规范地完成车辆人机交互系统的功能验证。

一、接受工作任务	成绩：

  汽车服务站新接收了一辆待维修车辆，据车主反映，车辆行驶过程中打开中控屏无信息显示，技师李师傅首先委派学徒工小王对该车的中控系统及中控屏等相关部件进行检查，要求小王对车内的人机交互系统的损坏、系统部件的信息传输等情况进行记录。

二、信息收集	成绩：

  1）客户信息登记：进店时间：＿＿＿＿月＿＿＿＿日＿＿＿＿时，客户：＿＿＿＿＿＿＿，电话：＿＿＿＿＿＿。

  2）客户车辆登记：车型：＿＿＿＿＿＿＿＿＿＿，车牌号码：＿＿＿＿＿＿＿＿，车辆的VIN码：＿＿＿＿＿＿＿＿＿＿。

  3）车辆进店时里程数：＿＿＿＿＿＿＿，油量/电量：＿＿＿＿＿＿＿，车上故障灯：□无 □有（说明并备注一下）。

  4）车辆外观检查情况：剐蹭痕迹：□无 □有（若有请标注在车辆登记表格中加以说明）。

  5）车辆进店维修内容：＿＿＿＿＿＿＿＿＿＿＿＿＿＿＿＿＿＿＿＿＿＿＿＿＿＿＿＿＿＿＿＿＿＿。

  6）查找本车的维修手册：＿＿＿册，版本是：＿＿＿＿＿＿＿。

7）本车维修时：□单人进行　□双人进行　□需要技术支持协助完成。

8）本车中控屏检查：屏幕尺寸大小_____寸，中控下方 USB 接口_____个，220V 电源接口_____个。

9）本次维修所用仪器设备准备情况：□齐全　□不齐全（若不齐全，原因是：_____）。

10）本次维修需要的时长为_____。

11）本次维修后需要提供给客户的资料有：_____。

12）本次维修后车辆清洗情况：□需要清洗　□不需清洗。

三、制订计划	成绩：

1）根据智能网联汽车人机交互系统检测规范及要求，制订智能网联汽车人机交互系统的认知实训计划。

操作流程		
序　号	作业项目	操作要点
计划审核	审核意见： 年　月　日　签字：	

2）根据维修作业计划，完成小组成员任务分工。

操　作　人		记　录　员	
监　护　人		展　示　员	
作业注意事项			

① 实训开始前应摘掉各类饰品，换上实训服，长头发应挽起固定于脑后。
② 整车实训时确保点火开关处于 Lock 位置，操作另有要求除外。
③ 就车工作时，应施加驻车制动，除非特定操作要求置于其他档位。
④ 举升车辆时按照规范进行，避免发生意外事故。
⑤ 工具使用后，应清洁并归还原处。

检测设备、工具、材料			
序　号	名　称	数　量	清　点
			□已清点
			□已清点
			□已清点
			□已清点

实训工单七　认知智能网联汽车人机交互技术

四、计划实施	成绩：

1. 完成智能网联汽车维修作业前检查及车辆防护，并记录信息
① 维修作业前车辆检查。

作业内容：

作业结果：

② 维修作业前车内中控屏的检查。

作业内容：

作业结果：

③ 维修作业前车内仪表盘的检查。

作业内容：

作业结果：

2. 检查中控屏及相关部件

		外观	□正常　□破损　□脏污
	中控屏	按钮	□正常　□有反应　□无反应
		连接接口	□正常　□有反应　□无反应
		RFID	□正常　□有反应　□无反应
	中控屏相关接口	外观	□正常　□破损　□脏污
		USB 接口	□正常　□有反应　□无反应
		点烟器接口	□正常　□有反应　□无反应

43

3. 检查中控屏自身模块

中控屏控制模块	外观	☐正常 ☐破损 ☐脏污
	电源线路连接	☐正常 ☐有反应 ☐无反应
	开关	☐正常 ☐有反应 ☐无反应

4. 装调中控屏

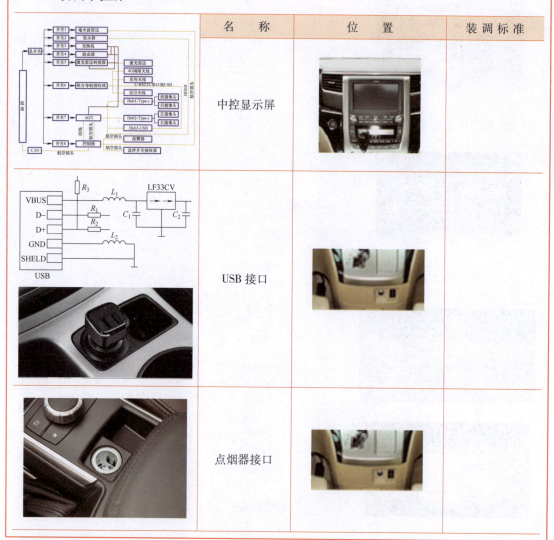

名称	位置	装调标准
中控显示屏		
USB 接口		
点烟器接口		

五、质量检查　　成绩：

请实训指导教师检查本组作业结果，并针对实训过程出现的问题提出改进措施及建议。

序　号	评价标准	评价结果
1	维修作业前检查及车辆防护	
2	中控屏外观检查	
3	中控屏相关部件及接口外观检查	
综合评价	☆　☆　☆　☆　☆	
综合评语		

六、评价反馈　　成绩：

根据自己在课堂中的实际表现进行自我反思和自我评价。

自我反思：_____。

自我评价：_____。

实训成绩单

项　目	评分标准	分值	得分
接受工作任务	明确工作任务，理解任务在企业工作中的重要程度	5	
信息收集	掌握客户信息要完整，不遗漏	5	
	咨询并登记好维修车辆的基本信息	5	
	检查中控屏并登记故障的基本信息	5	
	按照车辆维修的基本流程并完成客户的基本服务接待	5	
制订计划	按照人机交互系统及外观检查流程，制订合适的行动计划	10	
	能协同小组人员安排任务分工	5	
	能在实施前准备好所需要的工具器材	5	
计划实施	规范地进行场地布置及工具检查	5	
	识别人机交互系统总成结构部件	5	
	目测中控屏、USB接口、点烟器接口、连接线束	10	
	找出中控屏与其他部件连接位置	10	
	测量人机交互系统是否符合标准	10	
质量检查	学生任务完成，操作过程规范	5	
评价反馈	学生能对自身表现情况进行客观评价	5	
	学生在任务实施过程中发现自身问题	5	
得分（满分100）			

七、思考与练习

1）_____年，6in 左右的触屏开始出现。

2）手势交互作为一种新的_____，它能减小驾驶者的_____和_____，逐渐成为汽车人机交互界面设计研究的重要方向。

3）语音交互（VUI）指的是人类与设备通过_____进行信息的传递。

4）语音识别系统一般分_____和_____两阶段。

5）（多选）语音识别的优点有_____。

A. 解放双手　　　B. 易学习性　　　C. 便捷性　　　D. 低复杂度

6）在人类感知信息的途径中，通过_____、_____、_____和_____获取外界信息的比例分别是 83%、1%、3.5%、1.5% 和 1%。

7）（多选）车载图形界面的设计应遵循一定的原则，主要体现在_____。

A. 色彩　　　B. 功能可见性　　　C. 结构与层级　　　D. 以上都错误

8）（多选）CarLife 是百度在 2015 年初推出的车联网解决方案，通过手机连接车机进行映射，同时支持 iOS 和 Android 系统，具有_____、_____、_____三项基本功能。

A. 电话　　　B. 地图　　　C. 音乐　　　D. 解说

实训工单八
认知智能网联汽车信息交互技术

学　　院		专　　业	
姓　　名		学　　号	
小组成员		组长姓名	

实训目标
1. 能够依据接待要求，结合客户的需求，独立完成接待前物料的准备工作。
2. 能够结合客户车辆的故障现象，根据维修手册初步判断故障范围。
3. 能够结合故障现象，通过专用工具及设备独立规范地完成车辆网络系统的信息采集与检测。
4. 能够根据车载网络与车外网间存在的问题，用诊断仪规范地读取车载信息及车外网络信息，并做出故障的判定。
5. 能够根据维修手册及车辆自身的配置情况，查找网络通信系统的协议和性能要求，查找故障原因，制订网络系统维修方案。
6. 能够根据维修手册，按照操作规范，准确地完成网络故障修复工作，并与人合作完成功能的验证。

一、接受工作任务	成绩：

　　汽车服务站新接收了一辆待维修车辆，据车主反映，车辆行驶过程中显示与云平台通信失败，技师李师傅首先委派学徒工小王对该车的信息交互系统等相关部件进行检查，要求小王对车辆信息交互系统的损坏、系统部件的信息传输和云平台通信等情况进行记录。

二、信息收集	成绩：

　　1）客户信息登记：进店时间：＿＿＿月＿＿＿日＿＿＿时，客户：＿＿＿＿＿，电话：＿＿＿＿＿＿＿＿。
　　2）客户车辆登记：车型：＿＿＿＿＿＿＿＿＿，车牌号码：＿＿＿＿＿＿＿＿，车辆的VIN码：＿＿＿＿＿＿＿＿＿＿＿＿＿＿＿＿＿＿＿＿。
　　3）车辆进店时里程数：＿＿＿＿＿＿＿＿，油量/电量：＿＿＿＿＿＿＿，车上故障灯：□无　□有（说明并备注一下）。
　　4）车辆外观检查情况：剐蹭痕迹：□无　□有（若有请标注在车辆登记表格中加以说明）。
　　5）车辆进店维修内容：＿＿。
　　6）查找本车的维修手册：＿＿＿＿册，版本是：＿＿＿＿＿＿＿。

7）本车维修时：□单人进行　□双人进行　□需要技术支持协助完成。

8）本车车内检查：车际网显示：□正常　□异常　□不显示。

9）本次维修所用仪器设备准备情况：□齐全　□不齐全（若不齐全，原因是：_____）。

10）本次维修需要的时长为_____。

11）本次维修后需要提供给客户的资料有：_____
_____。

12）本次维修后车辆清洗情况：□需要清洗　□不需清洗。

三、制订计划　　　　　　　　　　　成绩：

1）根据智能网联汽车信息交互系统检测规范及要求，制订智能网联汽车信息交互系统的认知实训计划。

操作流程		
序　号	作业项目	操作要点
计划审核	审核意见：　　　　　　　　　　　　　　　　　年　月　日　签字：	

2）根据维修作业计划，完成小组成员任务分工。

操　作　人		记　录　员	
监　护　人		展　示　员	
作业注意事项			

① 实训开始前应摘掉各类饰品，换上实训服，长头发应挽起固定于脑后。
② 整车实训时确保点火开关处于 Lock 位置，操作另有要求除外。
③ 就车工作时，应施加驻车制动，除非特定操作要求置于其他档位。
④ 举升车辆时按照规范进行，避免发生意外事故。
⑤ 工具使用后，应清洁并归还原处。

检测设备、工具、材料			
序　号	名　称	数　量	清　点
			□已清点
			□已清点
			□已清点
			□已清点
			□已清点

实训工单八　认知智能网联汽车信息交互技术

四、计划实施	成绩：

1. 完成智能网联汽车维修作业前检查及车辆防护，并记录信息

作业内容：

作业结果：

2. 登录智能网联汽车监控云平台，并对报文进行编译
① 登录智能网联汽车监控云平台系统。

作业内容：

作业结果：

② 对报文进行编译。

作业内容：

作业结果：

3. 对智能网联汽车云平台进行相关操作
① 设置信号灯参数。

作业内容：

作业结果：

② 设置车辆运行参数，并开启控制切换到云平台模式。

作业内容：

作业结果：

49

③ 起动运行，对车辆进行测试。

作业内容：

作业结果：

④ 连接信号灯，并监控信号灯状态。

作业内容：

作业结果：

⑤ 监控车辆状态，紧急情况时进行急停。

作业内容：

作业结果：

4. 读取智能网联汽车云平台上的展示信息

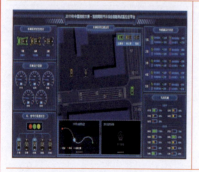

作业内容：

作业结果：

5. 对智能网联汽车进行综合道路测试，以验证信息交互系统的有效性

作业内容：

作业结果：

五、质量检查　　　　　　　　　成绩：

请实训指导教师检查本组作业结果，并针对实训过程出现的问题提出改进措施及建议。

序　号	评 价 标 准	评 价 结 果
1	维修作业前检查及车辆防护	
2	信息交互系统与云平台的连接	
3	信息交互系统的功能测试	
综合评价		☆ ☆ ☆ ☆ ☆
综合评语		

六、评价反馈　　　　　　　　　成绩：

根据自己在课堂中的实际表现进行自我反思和自我评价。

自我反思：_____

自我评价：_____

实训成绩单

项　　目	评 分 标 准	分值	得分
接受工作任务	明确工作任务，理解任务在企业工作中的重要程度	5	
信息收集	掌握客户信息要完整，不遗漏	5	
	咨询并登记好维修车辆的基本信息	5	
	检查车内多媒体及仪表盘上车辆网络，并做好信息登记	5	
	按照车辆维修的基本流程并完成客户的基本服务接待	5	
制订计划	按照信息交互系统及云平台的检查流程，制订合适的行动计划	10	
	能协同小组人员安排任务分工	5	
	能在实施前准备好所需要的工具器材	5	
计划实施	规范地进行场地布置及工具检查	5	
	登录智能网联汽车监控云平台，并对报文进行编译	5	
	对智能网联汽车云平台进行相关操作	10	
	读取智能网联汽车云平台上的展示信息	10	
	对智能网联汽车进行综合道路测试	10	
质量检查	学生任务完成，操作过程规范	5	
评价反馈	学生能对自身表现情况进行客观评价	5	
	学生在任务实施过程中发现自身问题	5	
得分（满分100）			

七、思考与练习

1）从智能网联汽车角度来看，信息交互技术是指_____、_____、_____、_____之间进行全方位连接和交互的信息通信技术。

2）信息交互技术的发展聚焦网联化和智能化，并由单车智能逐步转向多车协同以及"智慧的车"与"智慧的路"协同发展，以_____、_____、_____、_____等为代表的信息交互技术为智能网联汽车_____、_____、_____、_____发展提供了坚实的技术基础。

3）（多选）随着互联网、大数据和人工智能等先进技术在交通工具运输领域的应用与发展，人机交互技术应用和发展主要体现在_____。

　　A. 车内外多形式全面信息显示　　　　B. 人机介入式控制
　　C. 实体媒介交互　　　　　　　　　　D. 多通道融合交互

4）V2X 技术（英文全称为_____，简称 V2X）是一种车辆交通环境的无线通信技术，是道路和车辆与系统内对其有影响的其他事物进行信息交互的多种路侧和车载通信技术的统称，旨在加强交通系统的管理，提高车辆行驶安全性和便利性，是一种全新概念的智能交通系统。

5）V2X 技术的关键组成技术。

V2X 关键技术	英 文 全 称	应 用 场 景

6）数据云平台对自动驾驶主要有_____、_____和_____等几方面作用。

7）（多选）智能网联汽车大数据的 4V 特征为_____。

　　A. 数据量巨大（Volume）　　　　　　B. 数据类型多样（Variety）
　　C. 数据高速生成（Velocity）　　　　　D. 数据价值高（Value）